지금부터 조선 젠더사

금요일엔
역사책
12

지금부터
조선 젠더사

하여주 지음

유교 가부장제에 딴지 건 여성들

한국역사연구회
역사선

푸른역사

들어가며

조선 여성들의
진짜 목소리를 찾아서

'조선 여성들이 그저 유교 사회 틀 안에 갇혀서 만들어지기만 했을까?'

이 책은 조선의 젠더gender 질서와 그 속에서 분투했던 여성의 이야기다. 조선시대 여성/여성성 혹은 젠더 규범이 어떻게 만들어지고 왜곡되었으며 또 이어져왔는지를 여성들의 삶을 통해 추적한다. 이 책의 키워드는 조선, 유교, 양반, 여성, 젠더다. 유교의 나라 조선과 양반, 그리고 여성이다. 낯선 조합인 데다가 솔직히 새로운 모습이 있을지 의문이 드는 독자도 있을 것이다. 하지만 '젠더'가 등장하면 말이 달라진다.

프랑스의 사상가이자 사회운동가인 시몬 드 보부아르는 《제2의 성性》에서 "여자는 태어나는 것이 아니라 만들어지는 것이다"라고 선언했다. 성별에 내재한 문제, 즉 젠더 개념을 처음 제기한 사람이 바로 시몬 드 보부아르다.

그녀가 제기했던 문제를 살펴보자. 역사적으로 인간의 표준은 남성이었고, 여성은 늘 2인자 신세로서 계급화되어 차별을 받아 왔다. 여성은 출산과 집안일을 해야 하기 때문에 정치에 자기 의견을 개진할 능력이 없다는 것, 즉 여성에게는 참정권이 필요 없다는 논리를 역사적으로 만들어왔다. 그녀는 20세기에 활발하게 활동했고 지금으로부터 사망한 지 불과 50년도 채 되지 않았다.

우리나라라고 다를까? 허준의 《동의보감》을 예로 들어보자. 《동의보감》은 다양한 중국 의학서부터 한국 고유 의학서까지 섭렵해 편찬한 '전설적인' 의학서다. 그런데 《동의보감》의 양생법을 들여다보면 여성에게는 전혀 해당 사항이 없음을 단번에 알 수 있다. 예컨대 평생 정액을 아껴서 잘 간수하면, 그러니까 성생활을 자제하면 건강하게 잘 살 수 있단다. 놀랍지 않은가? 여성에게는 정액이 없다. 안타깝게도 여성은 양생법을 스스로 터득하는 수밖에 없다.

조선 후기 유학자 임윤지당任允摯堂(1721~1793)은 성리학의 핵심 사상을 논하며 이렇게 선언했다. "나는 비록 부인의 몸이지만, 천부적인 성품에는 애당초 남녀의 차이가 있을 수 없다." 오늘날에도 급진적인 선언이자 명제다. 그렇다면 조선 유학자들에게 임윤지당의 깨달음은 새삼스러운 것이었을까, 아니면 일반적으로 공유하던 명제였을까?

안타깝게도 이 말은 단 한 사람에게만 이어진다. 강정일당姜靜一堂(1772~1832)은 임윤지당의 연구를 발전시켜 '비록 부인일지라도' 노력한다면 성인의 경지에 이를 수 있다고 보았다. 이쯤에서 두 사람의 정체를 어렴풋하게 짐작해볼 수 있으리라.

힌트를 주자면 두 사람의 이름은 네 글자고 '-당'으로 끝난다. 5만 원 지폐의 주인공 신사임당을 떠올리면 보다 정답에 가까워진다. 임윤지당과 강정일당 두 사람은 여성이라는 것. 윤지당 임씨, 정일당 강씨. 학계에서는 이들의 설명글 앞에 '여성'을 붙여 '여성 성리학자'라고 말한다. 조선의 유학자는 거의 대부분 남성이기 때문이다. 이는 오늘날 전문직종 앞에 굳이 여성을 붙이는 관행과도 상통한다.

조선 사회의 중심 사상은 유교/유학이었다. 조선시대 유학은 중국 송대에 성립했던 새로운 유학인 성리학이었다. 성리학은 사회 윤리인 예禮를 강조하며, 개인의 심성을 다스리고 학문을 탐구하는 수양으로 성인의 경지에 도달할 수 있다고 주장한다.

임윤지당은 인간의 타고난 성품에는 성별 차이가 없다고 피력했다. 그녀의 연구를 발전시킨 강정일당 또한 여성이 예를 실천하고 수양을 끊임없이 하면 성인이 될 수 있다고 결론 내렸다. 하지만 학문의 주도권을 쥐고 있던 남성 유학자들은 여성은 학문 수양을 통해 성인이 될 수 없다고 '믿었다.' 이 책에서 굳이 이러한 믿음의 연원을 설명할 필요는 없을 듯하다. 단 성인이 되는 방법에도 젠더가 작동했다는 점은 말하고 싶다. 그렇기에 임윤지당과 강정일당도 '비록'이라는 단어를 쓰면서 여성 또한 남성과 다를 바 없는 존재임을 강조했다.

여성의 목소리를 찾기 위한
시각과 의문점들

조선시대 기록의 주도권을 쥐고 있던 사람은 남성, 그것도 한문을 읽고 쓸 수 있었던 지식인이다. 한글은 제2의 문자로서, 어린이나 여성의 것이었다. 물론 그마저도 일정 신분 이상이어야 가능했다. 하지만 여성들이 기나긴 역사를 살아왔다는 사실은 분명하다. 그렇기에 '그럼에도 불구하고' 남성이 만든 조선 유교 여성의 목소리를 찾아내서 보여줘야 한다.

조선 여성사가 가능할까? 역사학이 재미있는 이유가 바로 여기에 있다. 역사가는 어떤 사료든 있는 그대로 믿지 않는다. 글이란 글쓴이의 생각이 투영되기 때문이다. 옛 기록을 실제 있었던 일, 즉 사실事實로 받아들인다면 제대로 된 역사를 발굴해냈다고 하기 어렵다. 의심의 눈초리로 들여다보고, 비판적 사고력을 발동시켜야 한다. 조선의 그녀들은 무슨 생각을 하며 어디서 무엇을 하고 있었을까? '남성의 역사에 묻혔을 뿐, 조선의 그녀들은 늘 이야기하고 있었다.' 이 말을 기억하면서 사료를 뒤져서 남성이 쓴 글일지라도 문장이 내포하고 있는 의미를 시대적 맥락 속에서 끌어내야 한다. 그래야만 비로소 조선 여성의 역사를 써내려갈 수 있다.

역사가로서 나는, 역사 속에서 여성의 역사를 복원해내야 한다는 나름의 사명으로 사료들을 하나둘씩 읽으며 의미를 찾았다. 그러다 보니 조금씩 성과가 쌓였다. 연구 성과를 박사학위 논문으로 정리했고 학계 이곳저곳에 학위논문을 소개하기도 했다. 일반 독자들에게도 그동안의 작업을 전하고 싶다고 생각하던 중 한국역사연구회의 연구선 '금요일엔 역사책'을 통해 뜻을 이룰 수 있게 되었다.

이 책은 2022년 박사학위 논문과 그 후로도 연구해 온 논문들을 풀어서 쉽게 정리한 것이다. 단순히 조선 여성의 생활상을 늘어놓은 작업물이 아니다. 책 제목에서부터 알아차렸겠지만, 조선 사회를 움직였던 유교 젠더 규범의 진상을 파악한 후, 실제로 여성들이 젠더 규범에 따라 살아갔는지 차근차근 그 뒤를 밟아보려고 한다.

먼저 조선 여성/여성성이 만들어진 과정과 유교 젠더 규범의 실체를 확인한다. 다음으로 젠더 규범에 대한 양반 여성의 '대응'을 알아본다. 이를 위해 여성이 남긴 기록부터 남성이 쓴 여성 관계 기록을 섭렵해 사료 사이사이에 묻혀 있는 의미를 시대적 맥락 속에서 캐냈다.

이 책에는 처음 한국 여성사를 연구하려고 마음먹었을 때 가졌던 생각이 담겨 있다. 조선시대 여성들이 과연 '남성이 남긴 기록대로' 혼인해 시부모를 공경하고, 오로지 남편만을 섬겼으며 출산을 위해 노력하고 사랑으로 자녀를 길렀을까? 특권 계층인 양반 여성은 유교에 훨씬 많이 노출되고 유교식으로 살았을 텐데, 그들의 실제 모습은 어땠을까? 양반이라서 유교의 가르침대로 살았을까?

독자께서는 이 책의 마지막 페이지를 덮으며 다음과 같은 질문에 대한 답을 얻기를 간절히 바란다.

'조선 여성들이 그저 유교 사회 틀 안에 갇혀서 만들어지기만 했을까?'

지금부터 조선 젠더사는 이 질문으로 시작한다.

2025년 여름
하여주

차례

○ 들어가며 005

01 고려를 지운 조선, 유교 젠더 규범을 세우다
유교 젠더 규범이란 무엇일까? 015
여성은 정절을 지켜야 한다 017
여성이 남성과 '내외'하는 법 021
여성에게 재혼은 '주홍글씨' 023
의례 제도 정비하기: 시집살이의 서막 029

02 양반 남성이 주도한 젠더 규범 만들기
유교 젠더 규범의 교본, 《소학》 037
의학이 정의한 여성의 몸 040
조선식 젠더 교재를 쓰기 시작하다 048
매사에 조심히 행동하면서 노동하는 며느리가 되어주겠니? 054

03 여성들의 '어떤' 전략들

무덤 속 한글 편지에서 걸어 나온 사람들 066
오야댁 진주 하씨의 별거 성공기 074
논공댁 곽정례의 시집살이 적응기 082
효도하는 며느리? 아니, 효녀! 089
시부모와 '썸 타는' 며느리 093

04 젠더 규범을 따르지 않은 여성들의 이야기

이혼 요구 프리패스권, '칠거지악'과 '강상을 무너뜨린 죄' 109
저주 살해 고발과 무려 다섯 번의 판결 번복 113
소박맞은 신숙녀가 집안의 변고로 기록된 까닭은 120
금연하라는 젠더 규범에도 아랑곳없이 흡연하는 여성들 126

● **나오며_ 다양하고 교묘했던 유교 여성의 모습들** 145
참고문헌 148
찾아보기 155

01
고려를 지운 조선, 유교 젠더 규범을 세우다

유교 젠더 규범이란 무엇인가

14세기 후반 고려 정치계에 새롭게 진출한 사람들은 스스로를 공부하는 선비, 사대부士大夫라 칭했다. 역사학자들이 신진사대부라고 부르는 이 사람들은 유교 이상 사회에 매력을 느끼고 새 시대를 열고 싶어 했다. 결국 이들은 역사의 승자가 되어 불교 사회 고려를 멸하고 조선 왕조를 건국하며, '성리학이 설계한 사회 만들기'를 목표로 세웠다. 성리학은 공자나 맹자가 이룩해놓은 유학의 새로운 버전인데 '새로울 신新'을 붙여 신유학이라고도 부른다.

성리학에서는 '인간은 선한 본성을 타고났으며 모든 인간은 동일한 본성을 지니고 있으므로 누구나 성인聖人이 될 수 있다'라고 말한다. 성리학에 따르면 성인이 되는 방법은 본성을 회복하는 것이다.

성리학은 이를 위해 끊임없이 공부해서 실천하라고 가르쳤다. 하지만 '이론'은 '이론'일 뿐, 실제로 성리학을 현실에 적용하자 남녀의 구별이 생겨버렸다. 성인이 될 수 있는 사람을 남성으로, 남성의 보조자를 여성으로 정의했다. 남녀 간의 차이를 인정하는 구별을 넘어선 차별 구도, 왜 생겨난 걸까? 이 모든 것을 이해하기 위해서는 조선 사회를 관통했던 유교 젠더 규범을 파헤쳐볼 필요가 있다.

성리학이 구상한 이상 사회에서 따라야 할 사상이었던 '유교 젠더 규범'은 조선시대 여성사를 이해하는 데 필요한 개념이다. 젠더는 특정 사회에서 남성과 여성에게 기대하고 적합하다고 믿는 남성적·여성적 태도와 가치, 행동 양식을 습득시킨 결과로 개인이 갖게 되는 성적 태도나 정체성을 의미한다. 문제는 젠더에 가치 판단이 개입되고 그 과정에서 '위계'가 만들어져 어느 한쪽이 권리와 권력을 갖게 된다는 것이다. 지금껏 전 세계와 역사를 통틀어 모든 사회에서는 젠더라는 사회적 성性이 작동되어왔다. 유교 젠더 규범은 유교 이념으로 정의한, 성별에 따라 지켜야 한다고 정의한 규범이자 역할로서 조선 사회의 행위 기준이 되는 원칙이자 지배 논리였다.

유교 젠더 규범에 따르면 이상적 남성상은 재才보다 덕德이 있는 군자였다. 남성은 학문을 실천해 성인, 즉 도덕적 지도자가 될 수 있다고 보았으며 그로 인해 자율성이 보장되었다. 반면 이상적 여성상은 남성을 위해 덕과 재주를 쓰는 현명한 부인, 남성을 위해 순종하는 요조숙녀였다. 이때 공부하는 사대부 남성은 학문과 의례를 익히면서 여성을 이끌고 제재할 수 있는 권한을 갖는다. 반면 여성은 지도자인 남성을 보조하기 위해 옷감을 짜고 음식을 만드는 역할을 맡는다.

여성은 정절을 지켜야 한다

신진사대부는 고려 말부터 사회를 재편하기 위한 기반을 마련했다. 그리고 1392년 조선 건국 이후부터는 본격적으로 고려를 지우고 새로운 질서를 만들었다. 그 결과 15세기에는 법과 제도를 포함한 국가의 각종 문물이 정비되었다. 그들은 사회 구성의 출발점인 남녀관계에도 적극적으로 관여했다. 방법은 대부분 여성에 대한 통제였다. 다음은 조선의 법전《경국대전》에 실린 대표적인 유교 젠더 규범 중 하나이다.

> 재가再嫁했거나 실행失行한 사족士族 여성의 자손 및 서얼의 자손은 문과 생원·진사시에 응시하지 못한다.
> -《경국대전經國大典》,〈예전禮典〉, 제과諸科

짤막한 법 조항에는 엄청난 의미가 숨어 있다. 이는 '재가했거나 실행한 사족 여성' 후손에게서 문신文臣될 기회를 박탈함으로

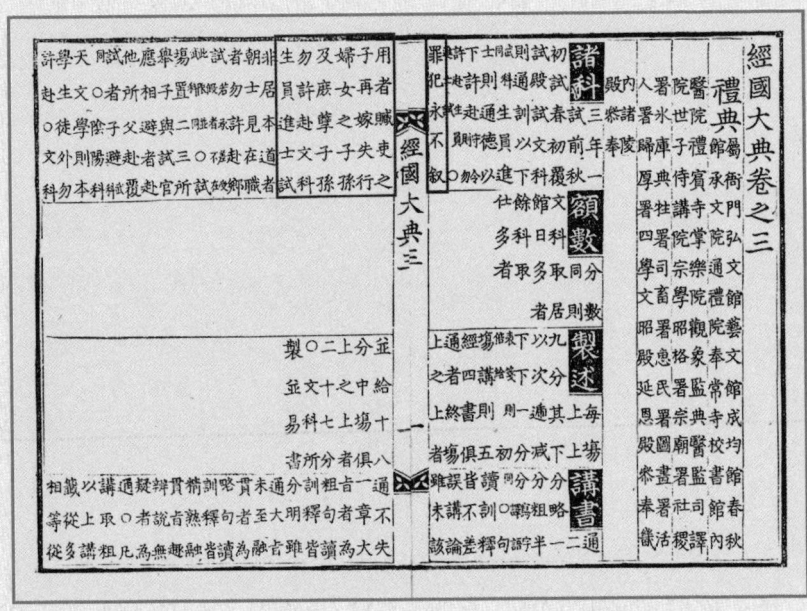

[그림 1] 《경국대전》
《경국대전》에 명시된 재가·실행 사족 여성 자손 및 서얼 자손의 과거 응시 규제법.
* 소장처: 서울대학교 규장각한국학연구원

써 상류층인 관료가 되지 못하게 하는 조치다. 그러니까 벌을 받는 사람은 재가하거나 실행한 사족 여성 본인만이 아니었다. 서얼 자손도 과거에 응시할 수 없다고 명시했다. 서얼이란 첩의 소생을 뜻한다. 이들은 양인 신분이긴 하나, 어머니가 첩이기에 이러한 사회적 차별을 받았다. 재가했거나 실행한 사족 여성의 후손은 서얼과 동등한 신분으로 취급받은 것이다.

주목할 점은 법 적용 대상이 사족 여성이라는 것이다. 법에서 처벌받는 사람을 사족으로 정한 이유는 사족이 사회의 모범이 되어야 할 부류였기 때문이다. 사족이란, '사대부의 족속'에서 나온 말로 사대부가 '될 수 있는' 족속을 뜻하므로 굉장히 모호한 신분 개념이다. 원래 사대부라는 말은 중국 문관 관료의 명칭에서 나왔다. 조선 건국 세력은 본격적인 유교문화권이 되기 위해 사족 혹은 사대부라는 용어를 썼다. 문치주의를 표방하였던 조선에서 사족 혹은 사대부란 미래에 관료가 될 사람을 뜻하였다. 시간이 흐를수록 조선에는 유학을 공부한다고 하는 선비들이 많아졌다. 그들은 스스로 사족이나 사대부라고 칭했다. 그렇다면 조선의 지배층이라고 하는 양반은 또 무엇인가.

여기서 잠깐 헷갈릴 수도 있는 조선의 지배 신분층을 뜻하는 용어들을 짚고 넘어가보자. 역사학자들은 고려와 조선 왕조의 지배층을 양반이라고도 부른다. 국왕이 조회를 받을 때, 국왕을 향해 동쪽에 서는 문반과 서쪽에 서는 무반을 양반이라 했다. 고려 초반까지 양반은 문자 그대로 문·무반 관료를 지칭했다. 하지만 관료제가 정비되고 가부장적 친족질서가 발전하면서 양반 관료의 가족과 친족도 양반으로 불리게 되었다. 양반층은 그들 간의 혼인으로 폐쇄적 계층으로 굳어졌고, 양반이라는 말 자체도 지배 신분층을 뜻하는 개념으로 바뀌었다. 그러니까 《경국대전》에서 지칭하는 사족은 양반이라고 간주해도 무방하다.

《경국대전》의 이 법 조항이 여성에게 어떤 영향을 미쳤을지 상상해보자. 조선이라는 나라가 어떤 나라인가? '조선 성리학'이라는 개념까지 만들어낸 성리학의, 성리학을 위한, 성리학에 의한 사회였다. 시간이 흐를수록 사족, 즉 양반은 많아졌고 여성들을 옭아매는 이 법은 더욱 단단해졌다. 법의 영향력은 양반뿐만 아니라 평민, 심지어 일부 천민에게까지 스며들었다. 놀라지 마시라. 재가 여성과 그의 자손에 대한 처벌법은 1876년 갑오개혁 때 폐지된다.

다시 법 내용으로 돌아가서 처벌의 원인이 되는 행동인 '재가'와 '실행'에 초점을 맞춰보자. '실행'은 '재가'보다 더 큰 범위에 해당하는 행위인데 부인의 도덕성을 잃는 행위라는 뜻으로, 정확하게 말하면 정절을 잃은 상태를 의미한다. 《경국대전》의 바탕이 된 《경제육전經濟六典》은 건국의 주역인 정도전이 쓴 법전류의 서적인데 여기에는 사족 여성의 실행이 무엇인지 규정해놓은 조항이 있다. 사족 여성이 대면할 수 있는 사람은 부모, 친형제, 친자매, 부모의 형제자매, 시부모인데, 그 외의 사람을 만나면 '실행'이므로 정절을 잃은 상태로 간주해야 한다고 정했다. 이러한 유교 젠더 규범은 여성의 사회 진출은 말할 것도 없고 다양한 인적 관계를 만들 기회를 박탈하는 장치였다. 여성에게 좁은 사회 속에서 살게 하고 모든 행동의 기준은 '정절 지키기'라는 인식을 내면화하게 한 조항이었다.

여성이 남성과 '내외'하는 법

고려 여성은 외출뿐만 아니라 고리대나 상업 등 경제 활동에는 큰 제약이 없었다. 불교 교리의 영향이 컸기 때문이다. 조선은 이러한 '비정상적인' 고려 문화를 지우기 위해 새로운 법과 제도를 만들었는데, 작업의 초점을 여성의 정절 지키기에 맞추었다.

여성의 정절 지키기는 단 한 사람의 남성(남편)과 그의 집안을 유지하기 위한 수단이자, 혼인제도에 단단히 묶여 있는 규범이었다. 유교에서는 이것을 '우주의 법칙'으로 정의했다. 부부는 인륜의 근본이기 때문에 부인은 삼종三從의 의리는 있어도 개가改嫁, 즉 재혼하는 도리는 없다는 신념이었다. 삼종의 의리란, 여성은 딸로서 아버지를, 부인으로서 남편을, 어머니로서 아들을 따라야 한다는 규범이다. 여성이 재혼을 하면 이러한 수직적 관계가 깨지므로 재혼도 금지했다. 이 내용은 나중에 살피려고 한다.

그럼 어떤 상황에서 여성이 정절을 '잃는다고' 혹은 '빼앗긴다고' 여겼을까. 단순하게도 여성이 남성과 만나지 않으면 될 것이라 판단하여 관련 법을 제정하였다. 여성과 남성이 서로의 만남을 피하거나 거리를 두는 것. 이러한 행위를 다른 말로 '내외를 구별하다' 혹은 '내외한다'라고 표현했다. 여성은 안, 남성은 바깥이라고 규정한 유교 젠더 규범에서 비롯된 표현이다. 사실 내외를 구별하기 위해서는 여자 혼자만 노력해서는 안 된다. 그러나 조선의 법은 여성의 신체, 행동 등을 통제하는 방법을 택했다. 역사학자들은 이러한 법들을 묶어서 '내외법'이라고 이름 붙였다.

내외법은 여성을 남성으로부터 떨어뜨려 상호 교류를 막는 조치였다. 세종 13년(1431) 조정에서는 양반 여성으로서 이름난 산에 나들이 가거나, 불교 사찰에 다니거나, 음란한 행위를 저지르거나, 강상綱常을 무너뜨리고 습속을 어지럽히면 정절을 잃는 것, 즉 실행이라고 정의했다.

내외법이 만들어졌지만 조선 전기 내내 사대부 여성의 외출과 바깥 활동은 계속 논란이 되었다. 이에 조정에서는 소풍 금지, 거리 행사 관람 금지, 외출 시 옷으로 얼굴 가리기, 말타기를 금지하고 사방이 막힌 가마 사용하기 등 여성 통제에 많은 공을 들였다. 지속적인 규제의 영향 때문인지 17세기 이후부터는 내외법에 어긋나는 여성을 제재한 기록이 큰 폭으로 줄어든다. 양반 여성들은 공공연한 외출을 삼가기 시작했고 자신을 외부에 드러내지 않고 점점 집 안으로 들어갔다.

여성에게 재혼은 '주홍글씨'

이제 여성 통제의 기초였던 법 조항에 대한 해석을 마무리해야 한다. 다시 읽어보자.

> 재가했거나 실행한 사족 여성의 자손 및 서얼의 자손은 문과 생원·진사시에 응시하지 못한다.

재가는 한자 '다시 재再'와 '시집갈 가嫁'로 이루어져 있다. 요즘 말로 여자가 재혼한다는 뜻이다. 조선의 국법에서 사족 여성의 재혼은 정절을 잃는 행동이었다. 조선의 입법자들은 정절 개념에 입각하여 사족 여성이 재혼할 시 강력한 제재가 필요하다고 판단하였던 것이다.

> 사족 여성의 재혼 = 실행 = 남편에 대한 정절을 지키지 못함.

《경국대전》에 실린 이 법은 여성 본인뿐만 아니라 아들과 손자의 양반 되는 길까지 막았다. 이 법은 훗날 《속대전續大典》, 《대전회통大典通編》에도 그대로 이어져 조선시대 내내 처벌법으로 작동했다. 사실 이 정도로 강력한 법은 다른 유교문화권 국가에서는 찾아볼 수 없다. 한마디로 과하다는 말이다.

고려 사회의 정절은 조선이 추구했던 성리학의 정절 개념과는 상당한 차이가 있다. 고려의 유학은 한·당 유학으로서, 성리학과는 그 내용과 성격이 다르다. 《춘추좌전》에서는 부부관계의 덕목으로 믿음[信]을 제시했는데 이는 정[貞]과 통하는 것으로서 부부가 함께 지켜야 할 도덕이었다.

이 같은 관념하에서 고려 사람들은 정절을 '상대방에 대한 신의'로 인식했다. 신의는 상대방이 세상에 존재할 때 작동한다. 신의를 지켜야 할 대상을 만나기 전이라든지, 배우자가 죽어 신의를 지킬 대상이 없어지면 더 이상 지킬 의무는 없다. 과부가 부부간 신의와 한 발 떨어져 있던 건 그래서다. 여성의 재혼은 일반적이었으니, 여성들은 남편이 죽으면 친가로 돌아가 부모가 주선해주는 남성과 재혼하였다.

그런데 고려 멸망 직전인 공양왕 원년(1389)에 여성의 재혼 금지법이 만들어졌다. 당시는 신진사대부와 신흥무인이 결탁해 정권을 장악한 후 사회에 만연한 부패를 척결하고 새 왕조를 건설하려고 노력하던 시기였다. 그들은 여성이 남편 사후 혼인하는 고려의 문화를 '절개를 지키지 않는 것'으로 규정하여 없애려 했다. 여성이 절개 지키기를 요구받기 시작한 분기점이라고 보아야 할 것이다. 그러나 규제의 효과는 미미했다. 사회 풍습을 어떻게 단박에 바꿀 수 있단 말인가?

이후 조선 초 태종 대부터 양반 여성의 정절과 관련하여 재혼을 규제해야 한다는 논의가 본격화되었다. 이 시기 양반 여성들은 유교 이데올로기에 따른 성윤리를 제대로 체득하지 않은 상태였으며 그 숫자는 고려 고위층 여성들보다 훨씬 많았다. 강력한 규정이 필요한 상황에서 삼가三嫁, 즉 세 번 혼인한 양반 여성을 〈자녀안恣女案〉이라는 명부에 등록하자는 논의가 나왔다.

> 부부는 인륜의 근본이기 때문에 부인에게 삼종의 의리(여자란 아버지, 남편, 아들을 따른다)는 있어도 개가하는 도리는 없습니다. 지금 사대부의 정처正妻 가운데 남편이 죽은 자나 남편에게 버림을 받은 자가 혹은 부모가 그 뜻을 빼앗기도 하고, 혹은 몸을 단장하고 스스로 시집가기도 해 두세 번씩 남편을 얻는 데 이르니, 절개를 잃고도 부끄러워하지 않아 풍속에 누가 됩니다. 원하건대, 대소 양반의 정처로서 세 번 남편을 얻은 자는 고려의 법에 따라 〈자녀안〉에 기록해서 부인의 도덕을 바르게 하도록 하소서.
> – 《태종실록》 6년(1406) 6월 9일 정묘

〈자녀안〉은 방자한 여성의 신상 정보를 기록한 장부라는 뜻이다. '자녀안 입록제'는 고려 예종 3년(1108)에 신설한 제도로, 음란한 행위를 저지른 기혼 여성의 이름과 소행을 〈자녀안〉에 적고 그 사람을 바느질하는 공인으로 만들어서 천한 신분이 되게 하였다. 주로 간통한 기혼 여성을 기록하였다.

고려 말 여성의 재혼 규제에서 실패를 맛본 조선의 건국 세력은 〈자녀안〉을 활용해 여성의 성性 통제에 재시동을 걸었다. '세

번 혼인한 사대부 여성의 신상 정보를 〈자녀안〉에 기록하는 제도'는 세 번 혼인한 양반 여성을 실행한 여성으로 낙인찍는 효과를 불러와 '문란한' 풍속을 효과적으로 교화할 수 있을 것으로 예상되었다. 그럼에도 이 제도는 시행되지 않았다. 그래서 시간이 흘러 다음 왕인 세종 대에 〈자녀안〉을 만들어야 한다는 상소문이 올라오기까지 했다. 하지만 국왕은 당장 시행하기에는 어려우니 대신들과 의논하겠다며 결정을 미뤘다.

물론 여성의 성을 통제하여 자신들의 성적 권리를 인정받으려는 남성들은 포기하지 않았다. 그들은 여성의 재혼 이력을 음란하고 더러운 천성에서 기인하는 것이라는 논리로 발전시켰다. 그리고 그녀의 자식은 그러한 천성을 어머니한테서 물려받는다고 하였다. 그런 사람이 관료가 되면 사회에 심대한 영향을 미친다는 주장까지 나왔다. 문종 즉위년(1450) 관리를 감찰하는 기관인 사간원은 통례원 상례로 제수된 김한金澣이 어머니의 세 번째 혼인을 통해 낳은 자녀라는 사실을 왕에게 보고하고 '삼가三嫁한 사대부 여성 자녀안 입록 규정'과 김한의 간통 사실을 근거로 들어 그를 파직할 것을 요구했다. 그는 애초에 음란하고 방탕한 성품을 지니고 있었는데 어머니가 세 번 결혼했기 때문이라는 것이다. 어머니가 음란해서 삼혼했으므로 그 본성이 아들로 이어졌다는 말이다. 신하들은 이에 그치지 않고 김한의 간통 상대였던 설씨의 다른 '음란' 행적까지 더하면서 '음란한 본성'을 '입증'하려 했다. 이후로도 감찰 기관은 삼혼한 어머니를 둔 관리들을 색출해 관직 박탈을 요청했다. 결국 '세 번 혼인한 사대부 여성을 〈자녀안〉에 기록하여 바느질 공인으로 배정하여 처벌하는 규정'은 법전에 반영되었다.

이 같은 인식은 성종 대에 남편 사후 재혼한 여성의 자손에 대해 관직 진출 자체를 막아야 한다는 논의로까지 이어졌다. 다수 의견은 삼혼이었고, 소수 의견은 두 번 혼인이었다. 논란 끝에 1477년(성종 8) 두 번째 혼인부터 금지해야 한다는 소수 의견이 법으로 채택되었다. 강력한 규제를 통해 사회 기강을 '올바르게' 잡으려 한 것이다.

> 실행 및 재가한 사족 여성의 자손은 동반직(문관)과 서반직(무관)에 서용하지 못하되 증손 대에 이르러서는 위에서 든 각 관서의 관직 외에 서용하는 것을 허한다.
> ─《경국대전》, 〈이전吏典〉, 경관직京官職

법에 따르면, 재혼하거나 실행한 사족 여성의 손자까지 관료로 채용하지 않고, 증손에 대해서는 의정부, 6조 한성부 등 경관직 외에는 채용할 수 있게 했다. 즉 현직에는 진출할 수 없게 했다. 이 법이 현실에 적용되면 어떻게 될까? 사실상 조선 사회에서 2대가 연달아 중앙 관직으로 진출하지 못하면 그 집안은 재기할 수 없었다. 영화 〈관상〉의 주인공인 관상쟁이 가족처럼 역적 집안이 되어 몰락해버린 양반 가문과 무엇이 다르겠는가.

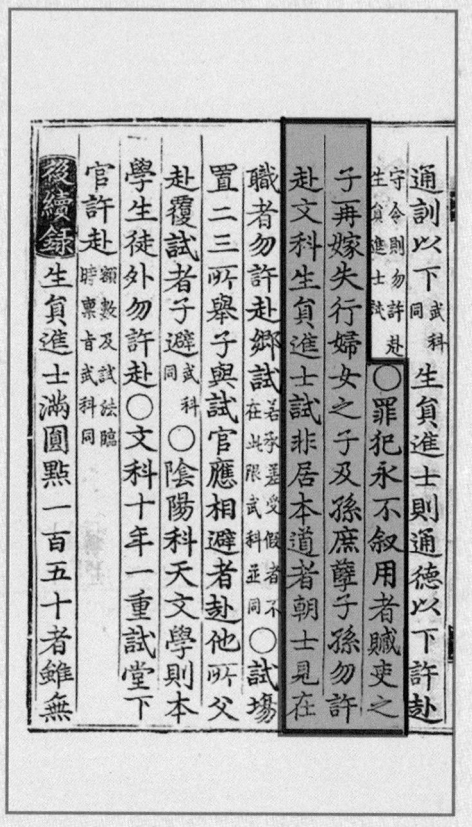

[그림 2] 《경국대전》 실행 및 재혼 여성 소생의 관직 서용 금지 조항.
실행하거나 재가한 여성의 자손이라도 증손 대에서는 관직에 임용될 수 있는
'기회를' 주었지만, 현직에는 진출할 수 없는 조치였다.
이로써 재가 여성의 자손의 벼슬길은 막히고 말았다.
* 소장처: 서울대학교 규장각한국학연구원

여기까지가 《경국대전》에 실린 '양반 여성 재혼 금지법'이 완성된 이야기다. 법 제정을 논의하면서 여성에 대한 규제는 눈덩이처럼 커졌다. 마지막에 도달한 결론은 '음란하고 더러운 본성을 지닌 여성은 남편이 죽은 후에 정절을 지키지 못하고 재혼을 한다'였다. 피날레는 '재혼 여성은 음란하고 더러운 성품을 아들에게 물려줄 것이므로 그녀의 자손은 양반이 될 수 없다'였다. 이러한 담론화 과정을 거쳐 양반 여성의 재혼은 불법이나 다름없는, 사회적 금기인 '주홍글씨'가 되었다.

의례 제도 정비하기: 시집살이의 서막

조선은 건국 후 유교 의례의 실천을 권장했다. 의례는 태어나서 어른이 될 때 치르는 관례, 혼인할 때 거행하는 혼례, 죽은 이를 위로하는 상례(장례)와 제례(제사)로 구성되어 인간의 일생을 지배하였다. 간단하게 관혼상제冠婚喪祭라고 한다. 특히 혼례, 상례, 제사는 조선의 성리학자들이 고려의 문화를 지우기 위하여 대단히 노력을 기울인 영역이었다.

상례 제도

고려 사람들은 장례를 사찰에서 불교식으로 치렀다. 친족질서는 남녀 가문의 사회적 위치, 모계母系와 부계父系 친족을 모두 중시하는 양계적兩係的 질서였다. 자연히 남성은 부인의 집안인 처가를 중시하였다.

조선의 입법자들은 이러한 풍습을 없애려고 장례 때 입는 유교식 의복인 오복제를 법전에 명시했다. 이는 젠더 위계질서 만들기의 일환이었다. 내용이 꽤 복잡하므로 변화가 뚜렷했던 사항을 상복 입는 기간만 [표 1]과 같이 비교하여 정리했다.

오복제를 지정하는 기준은 '상복을 입는 내가 죽은 이와 어떤 관계인가'이다. 본인이 죽은 사람과 친하고 가까운 관계일수록 입기에 힘든 삼베옷을 더 오랫동안 입어야 한다.

첫째, 외조부모에 대해 남성이 상복 입는 기간은 1년에서 5개월로 줄었다. 이로써 외가 친척에 대한 모든 복상은 한 단계가 떨어졌는데 대표적으로 남성이 입는 자기 어머니의 형제자매, 즉 외삼촌이나 이모 등에 대한 복상이 5개월로 바뀌었다.

둘째, 자기 부모에 대한 여성의 복상을 3년에서 1년으로 줄이고

[표 1] 고려와 조선의 상복 변화
《경국대전》, 〈예전〉, 오복五服》

상복 입는 사람	사망한 사람	고려	조선
남성	외조부모	1년	5개월
	어머니의 형제/자매	9개월	5개월
	처부모(장인, 장모)	1년	3개월
여성	부모	3년	1년
	시부모	1년	3년
여성의 부모 (장인, 장모)	사위	5개월	3개월

친가 친척의 상복 등급을 전체적으로 낮추었다. 반면 시부모에 대한 복상을 3년으로 늘렸는데, 시아버지는 상복 중에서도 가장 중한 참최복 3년, 시어머니는 다음 단계인 재최복 3년으로 바꾸었다.

셋째, 장인과 장모가 죽은 사위를 위해 입는 상복을 5개월에서 3개월로 줄였다. 이로써 남성의 복상은 모계의 것을 낮추고, 여성의 복상은 친가보다 시가 사람들, 즉 남편 집안[父系]의 것을 높였다. 상복은 친가/외가/처가의 중요도를 바꾸는 완벽한 장치였다.

제례 제도

다음으로 제사 의례이다. 유교식 제사는 종법宗法의 원리를 따른다. 가문의 제사를 담당하는 사람은 가문의 대를 잇는 남자인 종손宗孫이다. 종손이 살고 있는 집안인 종가宗家에 제사를 지내기 위한 건축물인 가묘家廟를 만든다. 다른 말로는 사당이라고도 하는데, 이곳에는 조상의 혼을 부르기 위해 만든 신주를 모셔둔다.

조선 건국 이후 대대적으로 가묘 설립을 권장했으나, 정착에는 어려움이 따랐다. 고려의 친족질서 및 제사 문화와 현저한 차이가 있었기 때문이다. 고려 사람들은 불교식으로 사찰에서 제사를 지냈다. 친가/외가/처가의 중요도를 따지지 않고 조상을 위하는 마음으로 제사를 지낼 수 있었다는 이야기다. 이러한 전통을 없애고자 조선 국왕은 가묘 설치 기한을 정하고 어겼을 경우 처벌하거나 설치했을 때 포상하기도 했다. 끈질긴 노력 끝에 건국 200여 년이 지난 17세기에는 양반층 대부분이 가묘를 세웠던 것으로 보인다.

유교식 제사가 자리 잡으면서 부계 혈통을 잇기 위한, 가문에 양자를 들이는 입후立後 문화가 생겨나기 시작했다. 예컨대 1476년에 간행된 〈안동 권씨 성화보〉에는 양자 사례가 한 건도 보이지 않다가 90년 뒤의 족보인 〈문화 유씨 가정보〉(1565)에서는 1544~1565년 동안 122건이 확인된다.

부계 혈통을 중시하는 종법적인 제사의 보편화로 여성은 종가의 며느리인 총부冢婦라도 남편이 사망한 경우를 제외하고는 제사를 담당하지 못했다. 윤회 봉사, 즉 자녀가 부모를 위해 돌아가면서 지내는 제사 문화가 점차 사라지면서 친가의 제사를 담당하지도 못하고 참여할 기회도 점차 없어졌다. 이로 인해 여성은 친가의 재산 상속에서도 점점 소외되었다. 친가 조상을 위해 제사를 지내지 않으니, 상속의 비중도 점점 줄어들었다. 살아서는 나를 낳아준 아버지의 딸이 아닌 시아버지의 며느리로서 살아가도록 배웠고, 죽어서는 남편 집안의 가묘에 제향되어 시가 친족 구성원으로 들어갔다.

혼례 제도

혼례의 경우 가족의 생활권역이 결정되는 문제나 경제적 여건과도 연결되어 있고, 구성원들의 역할이 다른 의미로 확장되기 때문에 유교식으로의 변화가 쉽지 않았다. 유교식 혼례는 한국의 전통 혼인 문화와 정반대였던 것이다.

전통적 혼인은 남자가 여자 집에서 혼례식을 올리고 그대로 여자 집에서 가정을 꾸리고 사는 형태로 '처가살이'라고 했다. 조선의 유학자들은 이를 남성이 여성의 가문으로 들어가는 혼례라 말하며 비판했다. 부인이 뿌리내려야 할 곳은 지아비의 가문이라 보았기 때문이다.

반면 '시집살이'라는 용어를 탄생시킨 유교식 혼례인 친영親迎은 '남자가 여자를 직접 맞이한다'는 의미이다. 친영(예)은 남자가 여자를 자기 집으로 데려와서 혼례식을 치르는 형태이다. 혼례식 후에 부인이 된 여자는 남편 집을 생애 터전으로 삼고 남편 가문 사람으로 살아간다. 그러면 부인은 지아비를 따르는 의리를 실천할 수 있다. 친영을 하면 여성은 자연히 출가외인이 되고, 가족의 거주지가 남성 집안이 있는 지역이 된다.

그러므로 조선의 유교식 의례 적용의 하이라이트는 친영에 있었다. 국왕부터 모범을 보였는데, 1414년 태종은 "우리나라의 의관 문물은 중국의 제도를 준수하는데, 유독 혼례만은 오히려 옛 관습을 따르니 매우 합당하지 않다. 마땅히 고금을 참작해 제도를 정해야 하겠다"라고 선언한다. 이후로 궁궐의 혼례인 가례에서는 친영을 시행했다. 물론 궁궐이라는 장소가 가진 특수성이 뒷받침한 결과였다.

반면 양반의 혼례에서는 친영을 쉽사리 적용하지 못했다. 조선 전기 양반층 일부를 중심으로 친영을 현실에 적용하려는 노력이 있었지만 실패했다. 유교식 혼례를 하려면 두 집안이 가까운 거

[그림 3] 〈신행길〉
김홍도의 《단원풍속도첩》에 수록되어 있는 그림.
결혼을 하기 위해 신부 집으로 향하는 신랑 행렬을 그린 것이다.
* 소장처: 국립중앙박물관

리에 있어야 했다. 또 남성 쪽에서 그동안 여성 쪽이 부담했던 집, 생활비, 식비, 노비 등의 각종 비용을 부담해야 했다. 친영이 이론 상으론 가능할지 몰라도, 전통 혼인 풍속을 '손바닥 뒤집듯이' 단번에 바꾸기는 쉽지 않았다.

그러다 차츰 시간이 흐를수록 처가살이와 시집살이가 섞여서 나타나기 시작했다. 방법은 매우 다양했다. 대표적으로 혼례는 신부 집에서 치르더라도 신랑이 곧바로 본인 집으로 혼자 돌아가고, 신부는 친가에서 일정 기간 살다가 시가에 들어갔다. 이로 인해 신부가 시가로 들어가는 기간은 시간이 흐를수록 점차 짧아졌다. 점차 처가살이보다 시집살이가 일반적인 상황으로 변해갔다. 가족의 거주지가 남자 집안 쪽으로 바뀌고 친족질서는 남성 중심, 즉 부계쪽으로 모였다. 그렇게 조선의 양반 여성들은 유교 이념의 젠더 위계질서 속에 들어갔다.

그렇다면 역으로 남성 입장에서는 어땠을까? 시가에 들어온 여성이 가문에 영향력을 미칠 수 있는 여지가 많아졌다. 이에 양반 남성들은 여성을 남성의 보조자로 만들기 위해 유교 젠더 규범이 담긴 여성 교훈서를 써서 교육하기 시작했다.

02

양반 남성이 주도한
젠더 규범 만들기

유교 젠더 규범의 교본, 《소학》

성리학을 집대성한 주희가 쓴 《소학》은 학문적 수양과 사회 교화를 달성하기 위해 권장된 서적으로, 사대부가 일생에 따라야 할 모든 규범을 수록하고 있다. 조선 전기부터 조정에서는 《소학》의 중요성을 알고 아동용 필수 교재로 채택했다. 이후 성리학에 대한 이해가 깊어지면서 양반 여성 교육에도 《소학》을 활용했다. 하지만 《소학》은 남성용 유교 수양서였다. 송시열이 시집가는 자기 딸을 위해 쓴 책에다가 '남자의 《소학》'처럼 생각하며 읽으라고 당부했듯이 말이다. 그래서 연산군의 어머니인 폐비 윤씨 사사의 배후로 잘 알려진 인수대비는 일찌감치 《소학》

을 활용해 며느리를 가르치기 위한 《내훈》(1475)을 집필했다. 이후 조정에서는 《내훈》을 관료들에게 나누어 주며 그들의 여성 가족들이 읽도록 유도했다. 일례로 1573년 유희춘은 교서관에서 구한 《내훈》을 딸에게 선물했다고 전한다.

그러다 양반 여성만을 위한 글을 쓰는 문화가 생겨났다. 《내훈》이 왕실 여성용 책자였던 이유도 있었다. 성리학적 소양을 어느 정도 갖춘 양반 남성들은 이제 《소학》의 여성 관련 내용과 중국에서 수입한 여성 교훈서를 함께 짜깁기하고, 독자를 위한 설명까지 곁들여가면서 정교하고 세밀한 내용을 담은 조선만의 여성 교훈서를 생산하기 시작했다.

대표적인 사례로, 송시열이 시집살이를 할 딸에게 주려고 지은 책이라고 전하는 《계녀서》를 보자. 이 책에 《소학》이 얼마나 반영되어 있을까([표 2]). 가장 대표적인 내용은 투기이다. 그가 생각하기에 부부 사이에서 부인이 반드시 유념하고 따라야 할 규범은 '질투하지 않기'였다. 송시열은 공자가 말한, 여성이 시가에서 내쫓길 수 있는 일곱 가지 악행, 즉 칠거지악 중에서도 투기의 심각성을 강조했다. 투기 금지는 《계녀서》의 두 번째 항목인 '남편 섬기는 도리라'의 대부분을 차지하는데 "첩을 아무리 사랑해도 화난 안색 나타내지 말고 더욱 공경해라. 네 지아비는 단정한 선비라 여색에 현혹됨이 없을 것이다. 너도 투기할 사람은 아니지만 경계하라"라고 했다. 그는 한 번으로는 부족했는지 아홉 번째 항목에 '투기하지 말라'는 새로운 장을 만들어 "투기하지 말라는 말

[표 2] 송시열 전傳《계녀서》의 《소학》 내용

	《계녀서》	《소학》
1	부모에 대한 도리	● 부모 명령 받들기 ● 왕상王祥과 육적陸積의 효도 에피소드 ● 시부모를 부모 섬기듯 하기
2	남편에 대한 도리	● 부부 윤리 ● 남편 옷 거는 횃대에 옷 걸지 않기 ● 극결의 부인이 남편을 매우 공경
3	시부모에 대한 도리	● 아침 문안하는 법 ● 부모 자리 까는 법 ● 명령 따르기 ● 기다리기 ● 며느리의 예법
4	형제 간 화목하기	● 아내들 경쟁이 형제의 우애를 해침 ● 동서 간 우애를 지킬 것 ● 종자·종부 공경하기
5	자녀 교육	● 태임의 태교 ● 아들과 딸에 대한 교육 ● 자녀에 대한 의리와 본분을 잃지 말라는 훈계 ● 자식에게 거짓말 하지 않기
6	덕 다스리기	● 투기妬忌 금지 ● 말하기 금지
7	절약하고 절제하기	● 음식 먹는 것 절제하기 ● 자녀 혼인 예물은 간소하게 하기 ● 재물을 탐하면 남편 가문이 화를 입음
8	시가에서 해야 할 가사	● 부인의 소임은 길쌈 ● 술·음식·의복 예절 지키기 ● 집안의 제도는 맏며느리를 따르기 ● 10세 이후부터 제사를 돕고 익히기 ● 제사는 부부가 함께하는 것 ● 접빈객은 부인의 소임
9	무당 불러 굿하지 말고 귀신에게 소원 빌지 말 것	● 부처나 미신을 믿지 말 것
10	남녀 간 내외하기	● 안에서만 지낼 것 ● 접빈객은 부인의 소임

은 지아비 섬기는 도리에서 이미 말했으되 투기란 것은 부인의 제일가는 악행임에 다시 쓰노라"라고 했다. 앞에서는 자기 사위, 즉 딸의 남편이 첩을 들일 만한 인물은 아니라고 썼지만, 이는 감언이설일 뿐이었다.

의학이 정의한 여성의 몸

《동의보감》과 여성의 몸

몸을 탐구해서 질병을 예방하고 치료한 경험을 정리한 의서醫書는 시대 맥락에 따라 인간 몸에 대한 이해를 확인할 수 있는 좋은 자료다. 일종의 국가 사업으로 완성된 《동의보감東醫寶鑑》(1613)은 한의학의 정통을 세운 의서다. 고대부터 전해 온 《황세내경黃帝內經》부터 16세기 초의 《의학입문醫學入門》까지 중국 의서를 두루 모으고 조선의 《향약집성방鄕藥集成方》(1433) 및 《의방유취醫方類聚》(1445) 등을 섭렵한 결과였다.

《동의보감》은 기존 의서들과는 다르게 질병 치료법만 나열하지 않고 나름의 의학관에 따라 생명의 탄생, 질병에 걸리는 과정, 치료법, 질병 예방법 등을 소개했다. 《동의보감》의 우주관과 인체론에 따르면, 몸은 성별에 따라 다르므로 각자 몸에 맞는 접근법이 필요하다. 그 가운데 유의해서 살필 부분은 한의학의 고전인 《동의보감》에도 젠더가 존재한다는 점이다.

우선 생명 탄생에서 발견되는 젠더이다. 남성은 여성에게 없는 '정精'이라는 생명의 원천을 가지고 있다. "항상 몸이 생기기 전에 먼저 생겨나는 것을 정精이라고 한다. 정은 몸의 근본이다", 혹은 "사람에게 정은 가장 귀한데 그 양은 매우 적다. 몸속에는 모두 1되 6홉이 있는데 16세의 남자가 아직 정을 내보내기 전의 양이며 질량은 1근이다"라고 했다. '정精'은 현대의 남성들도 마땅히 가지고 있는 정액이다. 이때는 정자든, 난자든 존재를 몰랐을 때니, 이렇게 생각할 수는 있다.

그럼 아기가 태어날 때까지 여성의 몸은 무엇을 할까? "사람이 처음 생명을 받을 때는 어머니 뱃속에서 어머니를 따라 호흡한다. 세상에 태어난 후에 탯줄을 끊으면 조그만 진령眞靈의 기氣가 배꼽 아래에 모인다"라며 기氣는 태어나면서 자연스레 생긴다고 했다.

여성은 정액을 받아서 자기 몸에 넘쳐나는 피[血]와 합친다. 이러한 과정을 거쳐 생기는 아기를 자궁에서 길러서 세상 밖으로 내보낸다. 이때 아기는 자궁에서 기氣를 부여받지 못한 불완전한 상태로 자란다. 여성의 몸은, 생명의 원천인 정액으로 탄생하였지만 아직은 불완전한 생명체인 아기의 호흡을 유지해주는 장소다. 《동의보감》에 의하면 생명 탄생에 대한 기여도는 남성 쪽이 훨씬 우세하다. 이러한 담론을 근거로 "아버지 날 낳으시고, 어머니 날 기르시니……"라는 말은 사람들의 머릿속에 순조롭게 새겨졌다.

또 다른 인체론은 음양론이다. 음과 양의 조화. 한 번쯤은 들어보았을 것이다. 한의학 인체론의 근본인 음양론은 성별에도 접목

되는데, 음의 성질은 여성, 양의 성질은 남성이었다. 《동의보감》 〈잡병편雜病編〉에는 '부인婦人'이라는 독립된 장이 있다. 이를 두고 의학계에서는 여성의 몸에 나름 관심이 많았다면서 의미를 부여한다. 과연 그럴까? 사실 이들의 관심은 출산에만 있었을 뿐이었다. 직접 체험하지 못하니, 죽었다 깨어나도 알 수 없는 여성의 몸……. 남성과 달라 어려울 뿐이었는데, 음양론에 근거하여 여성의 몸은 병에 잘 걸릴 수밖에 없다고 정의하고야 말았다.

> 부인에게는 수많은 음陰이 모여 늘 습濕과 더불어 산다. 15세 이후에는 음기가 넘쳐흘러 온갖 생각이 나서 안으로는 오장을 상하고 겉으로는 외모를 상하며, 월경이 없거나 오래 끌거나, 월경이 전후로 일정하지 않거나, 어혈이 머물러 엉겨 월경이 중도에 끝나거나 유산이 되는 등 이루 다 말할 수 없다. 부인의 병에 따로 처방을 세운 것은 기혈이 고르지 않고 임신, 출산, 하혈이 남자와 다르기 때문이다.
> - 《동의보감》, 〈잡병편雜病編〉, 부인

여성 몸의 성질인 '음陰'이 온갖 생각을 불러일으켜 몸의 조화를 깬다. 몸의 기혈이 고르지 못하므로 피가 넘쳐서 월경을 한다. 임신, 출산, 하혈을 하는 것도 그런 이유 때문이다. 일단 월경은 한 달에 한 번씩 하는 것을 정상이라고 여겼는데, 모든 몸이 그렇지는 않았을 것이다. 그 이유를 찾다가 낸 의학적 결론은 다름 아니라 '여성은 원래 음의 성질을 가졌다'이다. 마치 도돌이표가 있어서 되돌아오는 악보 같다.

생명의 동력인 기氣의 순환에도 음양의 논리가 작용했다. "남자는 양에 속하므로 기氣에 막힘이 생겨도 쉽게 흩뜨릴 수 있지만 여자는 음에 속하므로 기氣가 막힌 상태를 이겨내지 못하고 막혀버린다. 그래서 대체로 남자는 기병氣病이 적고 여자는 기병이 많다." 남자가 가진 양은 움직임의 성질을, 여자가 가진 음은 막힘·머무름의 성질을 띤다. 따라서 여성은 기병을 쉽게 만드는 몸이 되어버린다. 몸이 다르니까 걸리는 질병이 다를 뿐임에도 그 책임을 여성에게 돌렸다. 여성에게는 극히 자연스러운 몸의 변화가, 남성이 보기에는 독특하고 이상한 '문제'였다.

이런 식의 믿음을 가졌던 사람들이 기나긴 세월 동안 여성의 몸을 제대로 탐구했을까? 그렇지 않았다. 이들은 여성의 몸이 너무 복잡하고 어렵다며 무턱대고 다음과 같은 논리를 만들어서 답습만 하였다.

> 부인의 병이 남자의 병보다 열 배로 치료하기 어려운 것은 남자보다 즐기고 좋아하는 욕심이 많아 남자보다 병이 배로 잘 걸리고, 질투, 걱정, 성냄, 자식을 사랑하는 마음, 그리워하는 마음, 애증이 깊고 감정을 스스로 억제하지 못하므로 병의 뿌리가 깊기 때문이다.
> – 《동의보감》, 〈잡병편〉, 부인

이렇게 '여성의 병은 남성의 병보다 치료하기 어렵다'는 이론이 만들어졌다. 치료가 어려운 이유는 여성의 '과잉 감정'이었다. 여성은 욕심이 많고 질투, 노여움, 집착, 미워함 등의 감정이 '강하고 많다.' 또 출산을 경험하므로 자식을 사랑하는 마음이 '과하다.' 게다가 그것을 스스로 절제하지도 못한다.

《동의보감》에 담긴 여성 몸 담론은 유교문화권에서 통상적으로 공유하던 것이었다. 여성이 보이는 감정에 대한 편견의 단적인 예는 조선의 여성 교훈서인 《사소절》(1775)에 자세하다.

> 부인은 잘 울어서 울지 않아야 할 때 우는 자가 많으니 자주 우는 것은 바른 덕이 아니다.⋯⋯세속의 부인들이 슬퍼서 울고 부끄러워 뉘우치며 우는 것은 바른 울음으로, 그 외에 가난을 참지 못해서 울고 병을 견디지 못해 우는 것과는 다르다. 그래도 이것은 오히려 말할 만하지만, 분해서 울고 예쁜 여자 때문에 우는 일까지 있는데, 말할 수조차 없다.

우선 여자는 울음이 많은데 그 종류에 따라서 좋고 나쁨을 평가하였다. 슬프거나 부끄러워 반성할 때 우는 것은 바른 울음이라고 해 긍정적인 가치를 주었다. 가난하거나 병 때문에 아파서 우는 것은 부정적으로 보았다. 경제적인 어려움이나 자기 신체의 아픔은 참아야 하는 과제였다. 아니나 다를까 예쁜 여자를 질투한다거나 분해서 우는 일도 있단다. 남편의 첩살이나 성적 방종에 대한 기혼 여성의 감정을 이런 식으로 풀어냈다. 그래서 결론은 무엇이겠는가? "여성은 감정을 절제하지 못하는, 모자란 인간이다."

음양론을 대전제로 인체를 분석한 《동의보감》은 여성의 몸과 감정을 규정했다. 여성의 몸은 수동적이며 감정이 많은 편인데, 이는 기의 조화를 깨뜨리는 것이므로 질병에 걸리기 쉬운 몸, 결론적으로는 모자란 사람으로 낙인이 찍혔다. 상식으로 자리 잡은 이러한 의학 지식은 유교 지식인 사이에서 여성 성품에 대한 공감대를 형성할 수 있는 바탕이었다.

《동의보감》의 보급과 여성 성품 이해

조선 후기 《동의보감》은 지방 구석구석까지 널리 퍼져 활용되었고 18세기 후반에는 유학자가 갖추어야 할 4대 서적 중 하나로 손꼽혔다. 이덕무는 친구에게 책을 추천하면서 "조선에는 세 가지 좋은 책이 있다고 생각하는데 그것은 바로 《성학집요聖學輯要》, 《반계수록磻溪隨錄》, 《동의보감》으로 하나는 도학道學, 하나는 경제, 하나는 사람을 살리는 방술로 모두 유학자가 할 만한 것"이라고 했다. 《동의보감》의 영향력이 커질수록 신체의 성차 인식은 사람들에게 널리 각인되어 뿌리내렸다. 감정이 많아 기의 조화를 유지하기 어려우면서도 음의 성질을 가져서 기의 흐름이 자주 막히는 여성. 이제 여성 몸의 성질은 성품을 중요하게 여기는 성리학과 연결되고 만다.

영조 대 의원으로 활동했던 이수귀李壽龜(1664~1740)가 여성 질병의 원인을 찾을 때 근거로 삼았던 것 중 하나도 성품에 관한 믿음이었다. 이수귀는 종잡을 수 없는 여성의 질병을 풀어낼 때 여성의 특정 기질을 문제삼았다. "여자의 성품은 편협하므로, 즉 한쪽으로 치우쳐 있으므로 다양한 감정이 막힌 것을 쉽게 풀어내지 못한다"라고 했다.

이러한 신념은 조선 사회에서 공유하고 있던 '상식'이었다. 신하들은 홀로 된 노모를 봉양하기 위해 관직을 그만두려고 할 때 '여성의 치우친 본성'을 언급하곤 했다. 예를 들어 "신이 음험하고 허물이 있어 하늘의 도움을 받지 못해, 일찍이 아버지를 여의고, 모자母子가 서로를 의지해 오늘에까지 이르렀습니다. 부인의 성품은 치우쳐 있으므로 나이가 들어 심약해지고 신을 그리워하고 사랑하는 마음이 항상 어린아이 같습니다. 은혜를 힘써 베푸는 정을 쏟아 사람이 이를 막지 못하는 바입니다"라고 하였다《승정원일기》 영조 32년(1756) 1월 14일).

'여성의 치우친 본성'은 여성이 대의를 실천하지 못하게 만드는 요인으로 인식되었다. 인선왕후(1616~1674)는 아들 효종이 죽은 후부터 식사를 거르거나 죽을 먹었고 나중에는 채식만 했다. 인선왕후의 건강을 염려하는 약방에 내린 현종의 답을 살펴보면, "부인은 치우치고 막혀서 대의를 모른다고 하더라도, 만에 하나라도 가볍든 무겁든 몸에 병환이 있으면 어찌 자기 몸을 돌아보지 않겠으며, 이전처럼 해야 할 뜻을 잊어버리겠는가? 지금은 드러난 병이 없고 (약방에서) 미리 병이 생길까를 걱정하는 것이니, 차마 따를 수 없는 일을 어찌할 수 있겠는가?"라고 했다.

조선 후기 판례집인 《심리록審理錄》, 《추관지秋官志》, 《흠흠신서欽欽新書》에서도 마찬가지이다. 여성들의 자살이나 살해 동기를 서술한 부분에서도 이러한 관용적 수사를 흔히 찾아볼 수 있다. 예를 들어 정약용은 까닭을 밝히지 못한 여성의 자살 원인에 대해 "편협한 천성을 가진 여성으로서 한순간에 자살하는 것이 반드시 타인으로부터 핍박받아서만은 아니다"라고 진단했다.

또 다른 예로 이하곤은 여동생의 죽음을 곡하는 제문에, "편벽한 여자의 성품으로 이치에 따르는 사람이 누가 있겠느냐. 네 어머니를 볼 때마다 나 역시 눈물이 흐르니 입을 열어 위로하고 싶어도 말하기가 어렵구나"라면서 여성이란 천성이 그러하기에 딸의 죽음에 지나치게 슬퍼하는 어머니는 허물이 되지 않는다고 자기합리화를 해버리기도 하였다.

사실 이러한 관용구는 성별을 불문하고 쓰였다. 하지만 남성의 경우 대부분 학문에 힘쓰면 극복할 수 있다고 했다. 일례로, 신하들은 왕에게 성품이 편협해지지 않도록 잘 다스려야 한다고 수시로 간언하였다. 반면 여성은 학문을 수양하지 못하기에 편협한 천성을 극복할 수 없다고 보았다.

이처럼 여성 신변에 문제가 일어났을 때 근거로 이용되었던, '여성은 태어나면서부터 한쪽으로 치우친 성품을 가지고 있어서 판단력이 흐리다'라는 신념 속에는 여성이 남성보다 더 결함이 많다는 의미가 숨어 있다. 신념은 의학서에서 말하는 여성의 몸이 어렵다는 이론과도 결합해버렸다. 이런 이유들로 조선 사회를 주도하는 성별은 당연히 남성이어야 했다.

조선식 젠더 교재를 쓰기 시작하다

조선 후기 유교 젠더 규범이 일상에 파고들었던 데에는 양반 남성들이 집필했던 여성 교훈서의 공이 컸다. 책은 가문 대대로 이어지고 집안 담장을 넘어 다른 지역으로 전파되었다. 이후 근대 여성 교육 교재로 활용되고 현대까지도 이상적 '기혼' 여성상을 구성했다는 점에서 역사적 중요성을 띠고 있다([부록표] 참고). 여기서는 특징적인 것들만 살펴보기로 한다.

송시열의 첫째 딸(1626~1678)은 현재 대전시에 속해 있는 충청도 회덕 출신이었다. 남편 권유權惟(1625~1684)의 집안은 회덕에서 가까운 탄동에 있었는데 두 사람의 친가는 걸어서 반나절 정도 걸리는 거리에 있었다. 송시열은 눈에 넣어도 아프지 않을, 사랑하는 딸을 위한 시집살이 지침서를 만들었다. 대략적 내용은 소제목을 보면 알 수 있다.

부모 섬기는 도리라
지아비 섬기는 도리라

시부모 섬기는 도리라
형제 화목하는 도리라
친척 화목하는 도리라
자식 가르치는 도리라
제사 받드는 도리라
손님 대접하는 도리라
투기하지 말라는 도리라
말씀을 조심하는 도리라
재물 절약해 쓰는 도리라
일 부지런히 하는 도리라
병환 모시는 도리라
의복 음식 하는 도리라
노비 부리는 도리라
꾸며 받는 도리라
팔고 사는 도리라
비손하는 도리라
중요한 경계라
옛사람 착한 행실 말이라
당부하는 말이라

딸이 앞으로 겪을 시집살이를 걱정한 송시열은 유교 젠더 규범을 쉽게 풀이해 정리했다. 송시열의 사회적 영향력 덕분인지 이 책은 다른 지역으로 널리 퍼졌고 20세기 초에는 여성 교육 교재로 이어졌다. 현재는 유교 특강 교육 자료로 활용되기도 한다. 한국의 전통 여성 교훈서로서의 위상을 굳건히 유지하고 있는 것이다.

이 책은 《우암 선생 계녀서》라는 제목으로 현재까지 전해지고 있다. 아마도 다른 사람이 붙인 제목인 듯한데, '계녀戒女' 혹은 '계녀誡女'는 시가에서 딸이 경계해야 할 내용을 담았다는 뜻이다. 양반 남성 지식인들은 딸 경계하기는 '계녀'로, 며느리 혹은 부인 가르치기는 '훈부訓婦' 혹은 '부훈婦訓'의 제목을 붙여서 여성 교훈서를 집필했다.

이후 18세기에 접어들면서 수많은 여성 교훈서가 나왔다. 이이·송시열로 이어지는 기호학파의 정통을 계승한 성리학자 한원진韓元震(1682~1751)은 1712년 〈한씨부훈韓氏婦訓〉이라는 글을 써서 누이에게 주었다. 이 글은 독자에게 무턱대고 '~해라'라고 명령하거나 요구하지 않고, 글쓴이가 독자를 설득하려는 논리를 펼친다는 점에서 차별성이 돋보인다. 그 논리란 부인이 남편 집에서 착실히 규범에 따르지 않으면 분란이 일어나고, 그것이 빌미가 되어 결국 그 집안이 망한다는 내용이다. 미꾸라지 한 마리가 맑은 웅덩이를 흐린다는 의미일까? 이러한 근거 없는 논리는 학문 교류를 통해 사람들에게 퍼졌다.

시간이 흐를수록 교훈서는 심화되고 전달 방식도 교묘해진다. 그래서 시가에서 해야 할 일과 지켜야 할 것들이 훨씬 많아졌다. 초반에는 며느리만을 위한 글이었지만 나중에는 며느리 교육관과 같은 시어머니 규범도 더해졌다. 첩을 들이는 것이 일반화되자 처가 첩을 대하는 방법도 수록되었다. 나중에는 시각 매체까지 동원한다. 병풍을 활용해 글과 그림을 가득 채운 것이다. 혼수품인 병풍 한 폭 한 폭에는 교훈서의 축약본이 담겼다. 그들은 여성을 집안에서 오래도록 머무르게 하면서 굳이 책을 펼쳐보지 않아도 시선이 꽂히는 곳에 유교 젠더 규범을 노출시켰다.

여성 교훈서는 집필자와 독자의 관계에 따라 서술 태도가 조금씩 다르다. 시아버지가 며느리에게 쓰는 글일 경우에는 본인 며느리는 훌륭한 집안 출신이기 때문에 아버지로부터 좋은 가르침을 받아왔을 뿐만 아니라 현명하므로, 규범에 따를 것을 믿는다고 타일렀다. 한편 딸에게 준 글은 어땠을까?

> 시가에 가서 대소사에 네 허물로 말미암아 부모에게 시비가 돌아오지 않게 하는 것이 큰 효도이니 이것을 마음 첫머리에 먹어 매사를 이대로 하면 네 비록 내 곁을 떠나나 내 슬하에 있어 내 말을 듣는 듯이 하라.
> – 송시열 전傳, 《계녀서》

아버지가 딸을 타일렀던 근거는 친부모에 대한 효도이자 출신 가문에 대한 '의義'였다. 시가에서 분란 없이 살아가는 것이 바로 부모와 출신 가문에 피해를 주지 않는 '효도의 방법'이라는 논리이다. 혼인한 여성이지만 출신 가문과 낳아준 부모에게도 마땅히

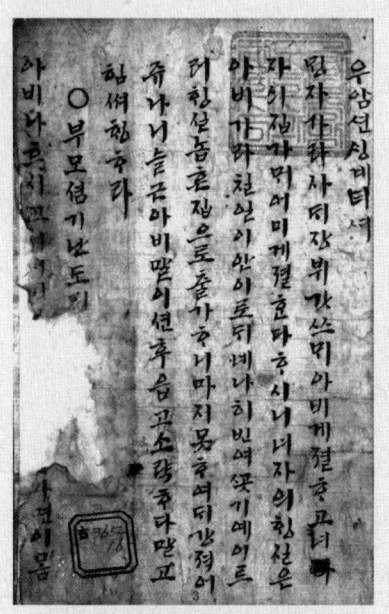

[그림 4] 《계녀서》
송시열이 첫째 딸을 위해 지은
시집살이 지침서로 전해지는
《우암 선생 계녀서》. 지아비 섬기는 도리,
시부모 섬기는 도리, 자식 가르치는 도리,
투기하지 않는 도리 등이 담겨 있다.
* 소장처: 국립중앙도서관

[그림 5] 《훈부록訓婦錄》
파평 윤씨 가문의 후손이
1646년 이후에 집필한 책.
부인이 가져야 할 태도,
시부모 모시는 방법,
자녀 교육 등이 담겨 있다.
시집살이에서 언행을 삼가지 않거나
투기하면 쫓겨날 수 있다고 강조했다.
* 소장처: 국립한글박물관

딸로서 역할을 해야 한다는 의미가 깔려 있다.

또한 남성이 읽는 것을 염두에 두기도 했다. 여성 교훈서를 문집에 모아두기 시작했던 것이다. 문집을 공유하는 사람들은 대부분 같은 학맥의 사람이나 후손이었다. 후대의 양반 남성들은 선대가 남겨놓은 여성 교훈서 내용을 계승해 더 '발전'시키기도 했을 것이다. 이렇듯 여성 교훈서는 시간이 흐르면서 마치 일본 만화 캐릭터 포켓몬스터처럼 점점 진화했다. 하지만 '클래식은 영원한 법'. 기초적 내용에는 변함이 없었다.

> 여자가 시가에 돌아가 제일 행실은 구고(시아버지와 시어머니) 섬김이라. 구고 섬김을 내 부모 섬김같이 할 것이니, 그 섬기는 도리는 '부모 섬기라는 도리라' 항목에 다 있으니 그대로 행하려니와 가례 복제에 친부모상은 기년복(1년)이요, 시부모상은 삼년복(3년)으로, 마련하기는 여자 친가 하직하고 시가에 돌아가 온갖 귀중을 다 시가로 하는지라. 그런고로 구고의 복은 가장과 한가지로 그 시부모 살아신 적 섬기는 도리로 어찌 가장과 같이 아니하리오. 이러므로 어진 부녀는 시부모 섬김을 그 봉양하기는 친부모와 같이 하되 공경하기와 조심하기는 친부모에서 더한지라.
> — 권구權榘, 《내정편內政篇》

이 부분은 송시열의 글 중에서 '시부모 모시는 도리라'와 내용

및 표현이 매우 비슷하다. 조선의 유교 젠더 규범은 서로 다른 학문적 배경을 가진 지식인일지라도 똑같이 공유하는 사안이었다.

매사에 조심히 행동하면서 노동하는 며느리가 되어주겠니?

step 1. 출가외인이 될 것

양반 남성들은 유교 젠더 규범을 일상에 뿌리내리게 하려고 여러 가지 방법을 시도했다. 이에 법과 제도를 정비하였지만, 앞서 보았듯이 금지와 처벌은 단박에 그 효과를 누리기 어려웠다. 이쯤에서 유교의 특성을 짚어보아야 한다. 유교/유학은 인간 생활에 굉장히 밀접하게 연관되어 인간의 내면화를 끌어내는 '문화'이자 '학문'이다. 이러한 점에서 유교의 파급력과 지속력은 단연코 높았다. 유교 젠더 규범을 여성 마음속 깊은 곳에 자리 잡게 하려는 노력은 계속된다.

우선 과제는 여성이 자신을 아버지의 딸이 아니라 시아버지의 며느리라고 여기도록 만드는 것이었다. '출가외인出嫁外人의 내면화'다. 출가외인이란, '부인이 될 여성은 출생한 가문의 사람이 아니다'라는 뜻이다. 그럼 그녀들이 원래 있어야 할 곳은 어디일까? 바로 시媤집, 혹은 시가媤家이다. 그래서 조선 후기에는 여성의 혼인을 다른 말로 '우귀于歸'라고 했다. 우귀에는 '시가에 돌아가다'라는 뜻이 숨어 있다. 우귀의 개념을 조선시대 내내 양반 남성들은 강조하였다. 본래 한국 전통의 혼인 형태는 남자가 입장가入丈家, 즉 장인 어른의 집으로 들어가는 것이었다. 하지만 점차 여자가 시아버지의 집, 즉 '시가에 돌아가는' 문화로 바뀌고 있었다. 처가살이의 전통은 조금씩 없어지면서 시집살이가 서서히 그 자리를 차지하기 시작한 것이다.

시집살이를 시작하는 여성에게 첫 번째로 주어진 미션은 새로운 위계에 적응하기였다. 가장 가까운 관계인 남편을 시작으로 시부모, 남편 형제 부부, 친인척까지 시가 구성원과의 관계 설정과 그들을 대하는 태도, 즉 '며느리의 처세법'이 필요했다. 가령, 며느리는 중대한 일이 아니고서는 친가에 자주 찾아가서는 안 된다. 친가에는 여성이 보고 들었던 시가에서의 일을 발설하지 말아야 한다. 또, 친가에서 보내온 물건이나 음식을 시부모에게 먼저 보여드린 후, 시부모의 허락이 떨어졌을 때 가질 수 있었다. 며느리는 시부모 말씀에 '절대복종'해야 한다. 심지어 학대를 받아도 순종해야 한다.

> 효성을 지극히 하는 중에 인사와 눈치도 없지 못할 것이니, 매사를 당해 비록 마음에 맞지 않아도 공순히 시행하고, 혹시 애매하고 비정한 말씀이 계셔도 나의 뜻을 내비치지 못하고, 불순한 거동과 불순한 말씀을 들어도 함부로 싫은 기색을 내지 못하느니라.

― 김종수, 《여자초학女子初學》

남편과 시부모가 성질이 포악해 때리고 구박하면서 집에 있을 수 없게 하면, 부인은 다만 슬프게 하소연하며 차마 친가로 돌아갈 수 없는 뜻을 보여서 남편과 시부모가 감동하고 가엽게 여기기를 바라야 한다. 의연하게 얼굴색을 바꾸어 '내 집으로 돌아가버려서 영원히 서로 보지 않는 것이 또한 나의 뜻이다'라고 말해서는 안 된다. 이것이 배반이 아니면 무엇이겠는가?

― 이덕무, 《사소절士小節》, 〈부의婦儀〉

시부모란 친부모보다 더 높은 존재이므로 며느리는 시가가 친가보다 더 높은 위치에 있다고 여겨야 했다. 왜 나를 낳아준 부모보다 시부모를 더 높은 존재라고 여겨야 할까? 유교에서는 부부 사이에도 위계를 만들었는데, 남편을 하늘 같은 존재라고 했다. 그러니 남편의 부모, 즉 시부모의 높고 높은 권위는 어떠했겠는가?

하지만 남성들은 교훈서를 써내려가면서 더 큰 고민에 빠졌다. 그들은 우선 여성이란 출가외인이라고 단단히 일러두면서, 친가보다 시가가 훨씬 더 위에 있다고 하였다. 그러나 이러한 단순한 '정의'만으로는 자발성을 보장하는 내면화를 기대할 순 없었다. 무턱대고 하는 요구였으니, 마치 댐으로 강의 흐름을 막아둔 형상이나 마찬가지였다. 시가에 들어온 여성을 설득하기 위해서는 더욱 효율적인 전략이 필요했을 것이다.

step 2. 시가에 해를 끼치지 말 것

유교 경전에는 '암탉이 새벽에 울면 집안이 망한다'라든지 '부인이 말이 많으면 화가 일어난다'라는 문구가 있다. 고대부터 전해 온 이런 이야기들은 남성 중심의 유교 사회에서 신념으로 굳어져 여성을 바깥 사회로부터 배제하게 하는 원동력이 되었다. 조선에서는 이러한 신념들을 활용하여 여성을 바깥 활동을 하는 남성의 보조자로 만드는 작업에 심혈을 기울였다.

> 한 집안이 흥하고 쇠함은 여자의 행실에 달려 있다.
> – 한원진, 《한씨부훈》

> 여자의 어질고 어질지 않음에 온 집안의 흥망이 달려 있다.

> 딸자식은 필경 남의 집에 돌아가나니, 남의 집 흥망은 딸 잘 가르치며 못 가르치기에 달렸으니 어이 딸 둔 부녀 두렵지 아니하리오.
> –권구, 《내정편》

이렇게 유교에서는 남성 가문에 '들어온' 여성을 경계하며 가문에 해를 끼칠 수 있는 존재라고 정의하고, 유교 젠더 규범에 따르라고 다그쳤다.

한편 여성끼리는 좋은 관계를 맺지 못하므로 시가에 들어온 여성들은 처음부터 사이가 나쁠 수밖에 없다며 여성 간 연대는 불가능하다고 믿었다. 부인은 남편을 부추겨 형제 싸움을 일어나게 하고 서로 미워해 사이가 멀어지게 한다는 것이다.

> 동서 사이에 은혜로운 마음을 지키는 자가 드물고, 남의 아내가 되어 남편의 자매를 사랑하는 자는 세상에 많지 않다. 부인의 성품은 시기하기 쉽고 다른 성씨가 서로 모여 지내니, 장부가 내실을 다스리지 못해 집안의 법도가 어지러워지는 것은 당연한 형세다.
> – 주희, 《소학》

여성에게 시기심이 많다는 믿음은 의학서에서도 이론화되어 있는 것을 앞서 확인한 바 있다. 여성의 성품에 본질적으로 문제가 있다고 단정하는, 남편과는 다른 성姓을 가진 부인이 시가에 해를 끼치는 '당연함'을 설파했다.

또 여성의 신앙 활동은 가문의 법도를 무너뜨리는 행위였다.

> 무당과 소경의 말을 듣고 기도하지 말고 산에 가 빌거나 물에 가 빌거나 부모 병환에 기도하는 것은 집안에서 의논이 있거든 분명 거짓으로 알지라도 집안 의논대로 해 우기지 말고 하려니

와……무녀와 화랑을 데려다 징 치고 장구 치고 큰 굿하는 집은 분명 상민 집이니 자손 오래지 아니해 상민이 되느니라.
- 송시열 전, 《(우암 선생) 계녀서》

세상에 혹 관묘나 절에 가서 하룻밤을 묵어가며 기도하는 부인이 있는데, 그 집안의 법도가 무너진 것을 알 수 있다.
- 이덕무, 《사소절》, 〈부의〉

기도하기 위해서는 외출하기 마련인데, 이는 정절을 지키지 못하는 실행과 연결된다. 법으로 여성의 노출을 금지한 내외법이 생각나는 대목이다. 양반 여성의 신앙 활동은 외출을 동반하는 것이었다. 그나마 부모의 병환 등의 이유로 집안의 허락을 받은 기도라면 가능했지만, 이것도 마지못해 따라가는 정도로 그쳐야 했다. 외출은, 어디까지나 효행으로서만 용인될 뿐이었다.

step 3. 몸을 움직여 집안일 할 것

여성은 '먹을 것'과 '입을 것'을 전담하는 역할을 맡았다. 소를 끌어 밭을 가는 견우와 옷감을 짜는 직녀. '남자는 경작하고 여자는 직물을 짠다'는 고대 농경 문화에서 유래한, 성별 분업에 딱 맞아떨어진다.

부인으로서 옷감 짜고 음식 할 줄을 모르면, 이는 장부가 시

> 서詩書와 육예六藝를 모르는 것과 같으니, 그래서 《예기》에서는 베를 짜고 띠를 땋고 바느질해 꿰맨다고 했고, 《주역》에서는 음식 만드는 소임에 힘쓰면 바르고 길하다고 했으며, 《시경》에서는 술과 음식에 대해 상의한다고 했다.
> - 이덕무, 《사소절》, 〈부의〉

집안에서 남편이 하는 일 중 가장 중요한 것이 제사 모시기와 손님맞이다. 남편이 제사를 모실 때 부인은 제사 절차를 잘 알고 필요한 물품, 음식, 술 등 제수품과 의복을 준비한다. 손님을 대접할 때는 안주를 곁들인 술상을 만든다. 이렇게 유교 사회에서는 여성을 남편의 보조자로서 집안 살림하는 사람으로 정했다.

의복과 음식을 만들 때는 양반이어도 몸을 움직이는 노동을 하도록 요구받았다. 이를 역으로 생각하면, 실제로는 여성들이 노동하지 않았다고 해석할 수 있다. 여성 교훈서에서는 양반가 부인들이 노동하는 것을 부끄러워하며 유교 경전에서 나오는 부인의 '소임'을 다하지 않는다고 지적하면서 그런 이는 가문을 이어가기 힘들 거라 단정했다.

> 지금 세상의 부인들 중에 혹은 편안히 지내기를 좋아하고 혹은 노동하는 것을 부끄럽게 여기는 사람이 있다. 팔짱을 끼고 얼굴을 다듬으며 집안일은 직접 돌보지 않고, 부지런히 일하지 않으며 절약하지도 않는데 부유하다 해도 이를 이어가기

어려울 것이다.

— 한원진, 〈한씨부훈〉

시간이 흐르면서 양반 여성들은 더욱더 노동하지 않았던 것으로 보인다. 여성 교훈서에 이러한 대목이 계속 나오는 데다가 규범들은 그 내용이 치졸할 정도로 정밀해진다.

> 장에 구더기가 있고, 식초에 초파리가 살며, 쌀과 콩에는 검은 바구미가 구멍을 뚫고 과일에는 하얀 좀벌레가 둥지를 틀며, 노래기와 지네가 국에 들어가고, 쥐 오줌과 파리똥이 밥에 들어가는 것은 모두 저장하고 요리하는 법도를 잃어서이다.
> 남자의 옷을 빨았으나 때가 남아 있고, 꿰맨 데가 터지며, 밥풀이 붙어 있고, 다리미질을 한 데에 불에 지진 구멍이 나며, 짜글짜글 얼룩덜룩하고, 넓고 좁은 것이 일정치 않은 것은 부인의 책임이다. 사치하려는 것이 아니라, 지극히 정성을 들이라는 것이다.
>
> — 이덕무, 《사소절》, 〈부의〉

왜 이렇게 계속 노동하라고 일렀을까. 양반 여성은 노비를 경영하는 입장일 뿐이었으니, 실제로 몸을 움직여 노동하지 않았기 때문일 것이다. 여성이 의복과 음식을 만들 때 가져야 할 태도에 대해 여성 교훈서에서 지적하는 사항들의 공통점은 부지런하고 정성을 다해야 한다는 것이었다. 더불어 여성은 절약과 검소의 자세 또한 견지해야만 했다. 이 모두는 남편 집안을 잘 유지하기 위해서였다.

step 4. 절약하고 절제할 것, 또 또……

유교에서는 여성의 욕구·욕망을 막았다. 각종 집안일을 성공적으로 해내기 위해서는 한정적인 재원을 잘 분배해야 했기 때문이다. 여성은 갖가지 감정이 넘치고 욕심이 많다는 '의학 이론'도 한몫했을 것이다. 여성 교훈서에는 "부인이 빚내고 꾸어 쓰기를 잘하는 것은 절약하지 않아서고, 절약하지 않는 것은 애써가며 부지런히 일하지 않아서다"라는 식의 문구가 계속해서 등장한다.

유교에서는 탐욕과 사치가 여성의 본성이라고 정의했다. 유교에서 치장은 곧 사치였는데, 언제나 여성이 저지르는 일이었다. 여성 용모의 최고 가치는 청결과 정숙이었다. 치장하면 남편 이외의 사람들이 그녀를 탐낼 것이기 때문이었다.

> 모습과 행동거지를 온화하고 점잖고 중후한 데에 힘쓸 것이며 얼굴을 치장하고 예쁘게 보이고자 하는 것을 경계해라.
>
> – 최석정崔錫鼎, 《명곡집明谷集》, 〈계녀잠戒女箴〉

그런데 18세기 후반에는 신분과 지역을 막론하고 가발을 덧붙여 머리를 크게 부풀리기도 하고 화장하며 비단옷을 입는 등 몸치

장이 유행했다. 양반 여성들은 더 이상 '절제'하지 않았다. 이러한 현상을 여성 교훈서에서는 강력하게 비판했다.

> 연지와 분을 짙게 바르면 귀신 얼굴과 무엇이 다르겠는가? 그러므로 옛사람들은 부인이 시속의 유행에 따라 꾸미는 것을 허락하지 않았다. 부귀한 집에서는 무려 7~8만 전을 써서 머리를 크게 땋고 비스듬히 둘러서 말에서 떨어질 듯한 모양을 만든다. 여기에 웅황판, 법랑 빗, 진주 구슬로 장식하니 그 무게를 거의 버틸 수 없게 된다. 그러나 가장이 이것을 못하게 하지 않으니 부녀들은 더욱 사치스럽게 해 혹시라도 크게 하지 못할까 더욱 걱정한다. 근래에 부잣집 며느리가 13세인데 다리(머리숱이 많아 보이라고 덧넣었던 가발)를 높고 무겁게 해 시아버지가 방에 들어가자 며느리가 갑자기 일어서다가 다리에 눌려서 목뼈가 부러졌다. 사치가 능히 사람을 죽였으니, 아아 슬프다.
>
> – 이덕무, 《사소절》, 〈부의〉

이처럼 여성들은 집안을 잘 유지하고 본인을 위해 절약하고 절제해야 한다고 요구받았다. 본인을 드러내지 말아야 함에도 외모를 꾸미는 데 치중한다면 그것은 곧 사치를 부리는 것이고, 이는 가정에 기여해야 하는 경제 역할을 저버리는 행위였다.

조선 후기 여성들은 가족의 생활권역이 시가로 변화하는 와중에 수많은 규범을 받아들여야 하는 상황에 직면했다. 하지만 규범에 따르지 않는 사람뿐만 아니라 남편의 보조자로서 머무르지 않는 여성들도 늘 존재했다. 그래서 이에 대한 양반 남성의 비판과 지적이 끊이지 않았다. 대표적인 사례 한 가지만 들면 다음과 같다.

> 요즘 부인 가운데는 재주와 기질이 있는 자가 혹 붕당의 종류나 문벌의 높고 낮음, 벼슬아치들의 승진과 좌천에 대한 일을 이야기하면, 친척의 남녀들이 감탄하면서 그 재능을 기린다.
> – 이덕무, 《사소절》, 〈부의〉

'옛날 부인과는 다르게 요즘 부인네들은 ~한다. 이는 잘못된 일이다'라는 문구는 계속해서 등장했다. 이런 얘기가 나왔던 이유가 무엇이었겠는가. 과연 조선 여성들은 교훈서대로 살아갔을까? 물음표를 붙여야 할 때다.

03

여성들의
'어떤' 전략들

무덤 속 한글 편지에서 걸어 나온 사람들

때는 1989년. 대구 달성군에서 현풍 곽씨 집안 후손들이 묘 하나를 이장하려고 작업을 벌이는 중이었다. 송진으로 단단하게 봉해져 있는 관 뚜껑을 어렵사리 열자, 묘의 주인공 진주 하씨晉州河氏(?~1652 이후)의 물건들이 무더기로 쏟아져나왔다. 그중에는 그녀의 유언으로 관에 넣은 편지 176건도 있었다.

진주 하씨는 경상도 창녕 오야마을 출신으로, 이웃한 현풍 소례마을에 사는 곽주郭澍(1569~1617)와 혼인했다. 진주 하씨에게는 첫 번째, 곽주에게는 두 번째 혼인이었다. 19세손 진주 하씨는 고려시대부터 진주에 세거한 명문가 집안 여성이었다. 9대조 하윤원河允源(1322~1376)은 고려 말 고위 관직을 역임하고 성리학자 이

색, 정몽주, 길재와 막역한 사이였다고 전한다. 이 때문에 현풍 곽씨 족보에는 진주 하씨가 영의정 하윤원의 후손이라고 기록되어 있다. 배우자 집안이 정치적으로 출세하고 학식도 겸비한 인물을 배출한 가문이라는 점을 당당히 내세운 것이다.

반면 현풍 곽씨 가문의 역사는 진주 하씨 가문보다는 그리 오래되지 않았고 사회적 지위도 진주 하씨 집안만큼은 아니었다. 곽주 가문은 조선 전기에 비로소 소례마을에 자리 잡았는데 입향조 곽안방郭安邦은 7대 세조의 정치 활동을 도와 출세했다고 한다. 가문은 14대 선조 대부터 21대 영조 대에 이르기까지 효자 6명, 열녀 5명, 효부 1명을 배출해 총 12명이 정려를 받아 명성을 드높였다. 그러니까 두 사람이 혼인할 당시 양가를 비교하자면, 곽주 가문은 진주 하씨 가문에 훨씬 못 미치는 수준이었다.

두 사람 부모의 이력에도 현격한 사회적 지위 차이가 느껴진다. 진주 하씨의 아버지 하준의河遵義는 임진왜란 때 천거되어 수문장에 제수된 후 국왕을 의주까지 모신 공로로 공신이 되었으며, 효행으로 널리 이름을 알렸다. 또한 진주 하씨의 외가 벽진 이씨碧珍李氏는 고려시대부터 줄곧 명문 벌족이었다. 반면 곽주의 아버지 곽삼길은 일찍이 과거를 폐하고 관직에 나아가지 않았고 어머니는 생원 박사눌朴思訥의 딸 밀양 박씨라는 기록만 전한다.

누가 봐도 한쪽이 기우는(?) 혼인을 한 두 사람은 아들 3명, 딸 5명 혹은 6명을 낳았다(족보상 딸은 총 5명인데 편지에서는 6명의 이름이 확인된다). 아들은 곽의창郭宜昌(1613~1647), 곽유창郭愈昌(1615~

> 19世 澍주　字景霖　號蘇溪　1569生
> 有遺稿　少學朴大庵晚遊鄭寒岡門　以孝行載地
> 誌　1617卒　配光州李氏六一軒弘量女有一子
> 墓縣南茅亭巳坐합장비석있음　配晋州河氏贈參
> 議遵義女領議政允源后　墓縣西烏舌石門山城內丑
> 坐에서移葬夫墓合墳　상석있음　子以昌이창　宜
> 昌의창　愈昌유창　亨昌형창　婿崔東彦　月城人
> 號白沙逸縣監　子鎭基承仕郎　婿趙咸哲　咸安人
> 子時瑾進士　時琰　時瑗文持平　時玹進士　時
> 增　婿呂孝程　星山人　子大和　婿朴瑠密　陽人
> 子振玒　進翻武科　婿李溥碧　珍人　子是模

[그림 6] 현풍 곽씨 족보에 있는 곽주 가족 정보.
두 번째 배우자인 진주 하씨를 설명하면서 하준의의 딸이며
영의정 하윤원의 후손이라고 적었다.
* 출처: 현풍 곽씨 족보

女郭澍
玄風人○號蘇溪
叅議○祖赴
子宜昌○別檢
俞昌○別檢以
孝旌閭
亨昌
女崔東彥○縣監
趙咸哲
呂孝程
朴壂○李溥

[그림 7] 진양(진주) 하씨 족보에 있는 진주 하씨 가족 정보. 진주 하씨의 배우자인 곽주의 정보는 매우 소략하다. 곽주가 현풍인이며 호는 소계, 조부 이름인 두㷀가 적혀 있다. 그런데 현풍 곽씨 족보와 대조해보니 그 조부의 이름은 곽규郭赳로, 성명도 일치하지 않았다.

＊출처: 진양(진주) 하씨 족보

1673), 곽형창郭亨昌(1617~1674)이고 딸은 곽정례(1597~1624), 곽복례, 곽정렬, 곽정냥, 곽철례, 곽덕례이다. 곽주에게는 진주 하씨가 두 번째 배우자였는데, 전처인 광주 이씨 사이에서 곽이창郭以昌(1590~1654)을 낳은 바 있다. 족보에 있는 진주 하씨와 곽주의 자녀 정보를 보면, 곽주에게는 이창, 의창, 유창, 형창 4명이 표기되어 있지만 진주 하씨에게는 이창을 제외한 3명만이 적혀 있다. 경

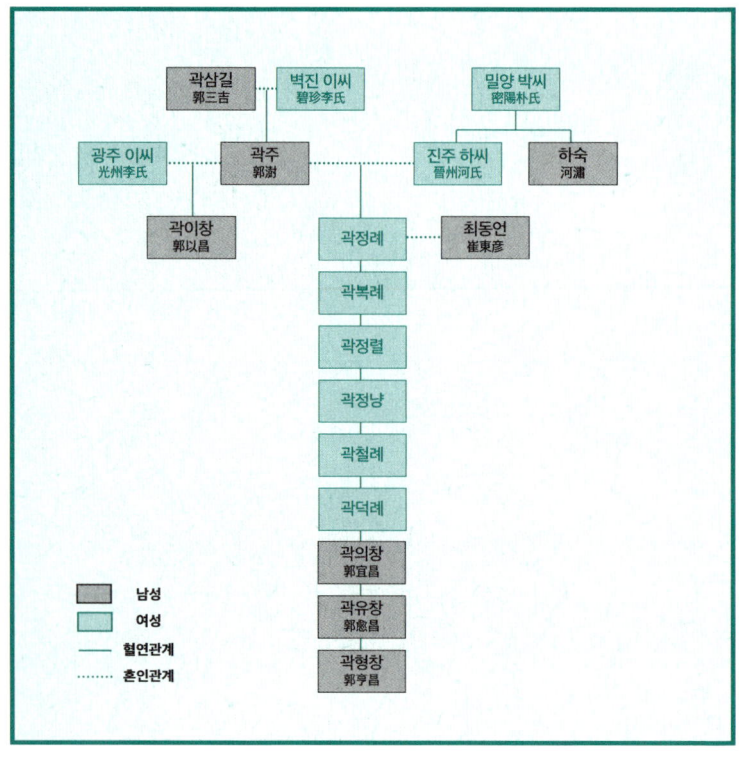

[그림 8] 진주 하씨 가족 가계도

[표 3] 진주 하씨 묘 출토 한글 편지의 가족 정보

연번	이름	관계	생몰연대	택호宅號
1	진주 하씨	본인	1580~1652(추정)	오야댁·소례댁
2	하숙河潚	오빠	1573~1660	
3	벽진 이씨碧珍李氏	어머니	미상	합산댁
4	곽삼길郭三吉	시아버지	1549~1606	
5	밀양 박씨密陽朴氏	시어머니	?~1622	
6	곽주郭澍	남편	1569~1617	
7	곽이창郭以昌	첫째 아들 / 전처 소생	1590~1654	
8	곽정례[곽정녜]	첫째 딸 / 진주 하씨 소생	1597~1624	현풍 논공
9	최동언	첫째 사위	1592~1672	
10	곽복례	딸 / 진주 하씨 소생	미상	
11	곽정렬	딸	미상	

* 참고: 진주 하씨 묘 출토 편지, 《진주 하씨 족보》, 《현풍 곽씨 족보》, 《경주 최씨 족보》.

주 월성 사람 최동언과 혼인한 딸, 함안 사람 조함철과 혼인한 딸, 성산 사람 여효정과 혼인한 딸, 밀양 사람 박뢰와 혼인한 딸, 벽진 사람 이부와 혼인한 딸, 총 5명의 딸이 표기되어 있다. 원래 족보에는 여성의 이름을 쓰는 것을 기피하여 남편 이름만 쓴 경우가 일반적이다. 이 중에서 편지 내용을 통하여 곽정례가 최동언과 혼인하였다는 사실을 알아내어서 그녀가 진주 하씨가 낳은 첫째 딸인 것까지 확인하였다.

진주 하씨와 편지를 주고받은 사람은 어머니 벽진 이씨, 남편 곽주, 전처 아들 이창, 본인 자녀들인 의창·유창·형창과 경주에 시집간 장녀 정례와 밀양에 시집간 딸이었다. 또 수신자는 진주 하씨가 아니지만 그녀가 따로 보관해둔 편지들 덕분에 다른 가족 간의 소통도 알 수 있다.

부모와 자식 간에 편지를 주고받은 경우가 대표적이다. 예를 들면 혼인한 첫째 딸 곽정례가 어머니의 안부를 묻는 편지가 남아 있는 것은 말할 것도 없거니와, 병치레하는 아버지를 걱정하며 보낸 편지도 있다.

부부의 양가 사람들도 소통을 했다. 곽주는 장모에게 편지를 곧잘 보냈다. 가령, 아내 진주 하씨가 자녀들을 데리고 친가에 머무르던 시기에 장모에게 안부를 여쭙고 선물을 보내며 자녀들의 한글 교육을 부탁했다. 또 편지로 사돈 간에 이루어진 교류의 모습도 확인할 수 있다. 곽주는 진주 하씨의 오빠 하숙과 집안 혼사 진행을 위해 편지를 주고받았다. 진주 하씨의 어머니 벽진 이씨는 안사돈인 밀양 박씨로부터 제수 물자를 받고 고마움을 전하는 편지를 쓰기도 했다.

이처럼 편지 소유자 진주 하씨를 중심으로 그녀를 포함해 총 14명의 가족이 서로 편지를 교환했는데, 가족 간 편지 교환 정보를 간단히 정리하면 [표 4]와 같다. 가장 많은 비중의 발신자는 남편 곽주인데 총 98건이다. 편지에는 안부를 전하고 묻는 내용뿐만 아니라 필요한 물건을 보내달라는 부탁, 본인이 처한 상황을

[표 4] 진주 하씨 묘 출토 한글편지의 편지 왕래 정보

연번	발신인	수신인	관계	건수
1	진주 하씨	곽주	부부	4
2	곽주	벽진 이씨	사위와 장모	2
3	곽주	진주 하씨	부부	98
4	곽정례	진주 하씨	딸과 어머니	44
5	곽정례	곽주	딸과 아버지	2
6	곽정례	밀양으로 시집간 여동생(이름 미상)	자매	2
7	둘째 딸	진주 하씨	딸과 어머니	3
8	벽진 이씨	밀양 박씨	사돈	1
9	곽이창	진주 하씨	아들과 어머니	1
10	곽이창	밀양 박씨	손자와 할머니	1
11	곽의창	진주 하씨	아들과 어머니	2
12	곽의창	곽형창	형제	1
13	곽유창	진주 하씨	아들과 어머니	2
14	곽형창	진주 하씨	아들과 어머니	1
합 계				164

전하는 말, 제사나 손님맞이를 위한 준비 등 각종 집안일에 대한 당부 등이 담겼다. 또 그가 편지에 적은 대로 아내 진주 하씨에게 음식 재료 등 갖가지 물자를 함께 전했을 것이다.

　상식적으로 생각하면, 부부는 한집에 사니까 둘 중 한 명이 외출했을 때 보낸 편지라고 짐작할 것이다. 특히 곽주의 출타 이유는 과거시험 공부를 위해 절에 머무르고 있을 때, 과거시험을 보

기 위해 서울로 떠났을 때, 전염병을 피해 있을 때 등 다양했다. 하지만! 곽주의 외출은 편지를 이렇게나 많이 남기게 된 근본적인 원인이 아니었다.

오야댁 진주 하씨의 별거 성공기

진주 하씨는 남편 곽주와 왜 이렇게 많은 편지를 주고받은 것일까?

먼저 택호라는 것을 짚고 넘어가려 한다. 예전에는 수신인과 발신인에 대해 이름 대신에 'ㅇㅇ댁'이라는 표현을 쓰기도 했는데, 이를 택호라고 한다. 택호란 출신지나 거주지명에 '집 택宅'을 붙여 성명 대신 사용하는 명칭이다. 이러한 관습은 지금도 남아 있다.

편지에 적혀 있는 진주 하씨의 택호는 두 가지였다. 오야댁과 소례댁. 오야는 출신지 창녕 오야마을이며 소례는 그녀의 시가가 있는 소례를 뜻한다. 그런데 진주 하씨가 받은 편지에서 택호 말고 다른 정보가 나온다. '논공'이라는 주소이다. 논공이라니? 논공은 소례마을에서 반나절 거리 정도 떨어져 있는 곳이다. 이 정보로 곽주가 소례에서 논공에 살고 있는 진주 하씨에게 편지를 자주 부쳤다는 사실까지 유추할 수 있다.

여기서 의문점. 논공이라는 지명이 왜 갑자기 튀어나왔냐는 것이다. 몇 가지 가설을 세울 수는 있다. 첫째, 논공의 집은 별채였다. 현풍 곽씨 집안의 근거지인, 진주 하씨의 시가가 있는 소례와 가까우니 말이다. 그래서 진주 하씨가 논공에 일정 기간 머물렀을 가능성이 있다. 둘째, 부부가 논공과 소례 두 지역에서 서로 오가며 살았을 수도 있다. 셋째, 두 사람은 따로 살았는데 진주 하씨의 거주지가 논공이었다.

여기다 더해서 딸 곽정례의 택호를 보면 더 알쏭달쏭해진다. 시집간 첫째 딸 곽정례는 현풍 논공이라는 택호를 써서 부모님께 편지를 보냈다. 그녀의 출신지는 논공이며, 혼인 전에 현풍 논공에서 살았다고 보면 된다. 이게 어떻게 된 일일까?

다시 수십 통의 편지를 차근차근 읽어보자. 눈에 띄는 편지가 몇 통 보인다. 진주 하씨가 본인이 낳지 않은, 곽주의 첫아들 곽이창과 불화를 겪고 있다는 내용의 편지다. 곽주는 진주 하씨에게 다음과 같이 말한다.

> 자네에게 너무 많이 서럽게 하지 않으면 3년은 아무튼 한집에 살고, 3년 후에는 각자 나가 살면 되니 자네가 짐작해 기별하소.……친어버이와 친자식 사이에도 편치 않은 일이 혹 있거늘, 하물며 의붓 어버이와 한집에 살며 어찌 일마다 다 좋게야 생각할꼬. 자네에게 많이 서럽게 아니하거든 3년은 견디고, 많이 서럽게 하거든 다시 기별하소.

곽주는 3년은 견뎌달라고 부탁하면서도 친자식이 아니니 불편

할 수 있음을 충분히 이해한다며 아내의 마음을 달랬다. 혼인하고 시일이 많이 지나지 않은 때였다. 무슨 일이 있으면 또 얘기해 달라고 신신당부하면서 그래도 큰아들 곽이창 가족과 한집에서 사는 게 어떻겠냐며 설득했다.

그런데 편지를 가만히 읽어보니, 시가 어른의 입김도 작용한 것 같다. 계모 진주 하씨와 아들 곽이창의 불화는 상당히 심각한 수준이었다. 곽주 말대로 진주 하씨가 3년이라는 시간을 견딜 수 있었을지 의문이 들기까지 한다.

> 다만 도나루터 아주버님의 편지에 자네가 이창을 박하게 대접한다고 남이 말한다 할세, 남의 그런 말을 듣고 슬폈네만, 자네 기별한 말도 옳으니 나도 (사정을) 짐작하네. 여느 여러 말은 다 내 탓인 듯하거니와 자네는 어느 경황에 먼 발 굴러 말해 계신고. 자네 먼 발 굴러 말을 아니 한들, 이제 와서 자네의 가슴 태울 일을 내가 할 리야 있을까. 그것일랑 생각도 말고 자네 몸에 병이나 삼가 장수하며 사소. 내 마음으로 할 제 자네의 가슴 태울 일을 저지를까, 의심하지 말고 먼 발 구르지 마소. 나 살고 자네 장수하면 다른 일은 의심 마소.

'도나루터 아주버님'을 포함한 시가 어른들은 진주 하씨를 탐탁지 않게 여기고 있었던 모양이다. 하지만 곽주는 집안 어른들 말씀을 곧이곧대로 받아들이지는 않았다. 아내의 말을 믿었으며 고생시킬 일을 만들지 않겠다고 장담했다. 요즘 말로 남편이 아내에게 '손에 물 한 방울 안 묻히게 하겠다'라고 하는, 그런 빈말처럼은 보이지 않는다. 곽주는 아들 이창과 나이 차이가 많이 나지 않는, 계모 진주 하씨와의 사이가 좋아지도록 두 사람 가운데에서 노력하고 또 노력했다.

그러나 두 사람 사이는 더 틀어지고만 있었다. 결국 부부는 곽이창과 같은 집에서는 살 수 없겠다는 결론을 내렸다. 그 와중에도 곽주는 새로운 거처를 어떻게 마련할 것인지 고민하면서 되도록 아들 이창과 가까이에서 거주할 방법을 마련하려고 아내를 조심스레 설득한다. 물론, 결정권은 전적으로 아내에게 있었지만 말이다.

요사이 무슨 일로 집안이 조용한 때가 없는고. 하루 이틀도 아니고 자네의 마른[까칠한] 성질에 어찌 견디는고. 자네가 "한 군데에서 살기 편하지 않다"라고 말하면 다음 달로 제각기 들어갈 집을 짓고 각자 살기로 하세. 제각각 집에서 나가도 가까이 있는 것이 한데 있는 것과 다르지 않을 것 같으면 멀찍이 집을 지어 나가고, 가까이 살아도 문을 제각기 내고 사이를 통하지 못하게 하는 것이 한데 살기보다 나을 것 같으면 가까이 집을 짓고자 하니, 자네가 짐작해 기별하소.

놀랍게도 곽주는 까칠한 성격의 소유자인 진주 하씨의 눈치를 보고 있었다. 아내가 시가에 잘 적응할 수 있도록 돕고자 하는 마

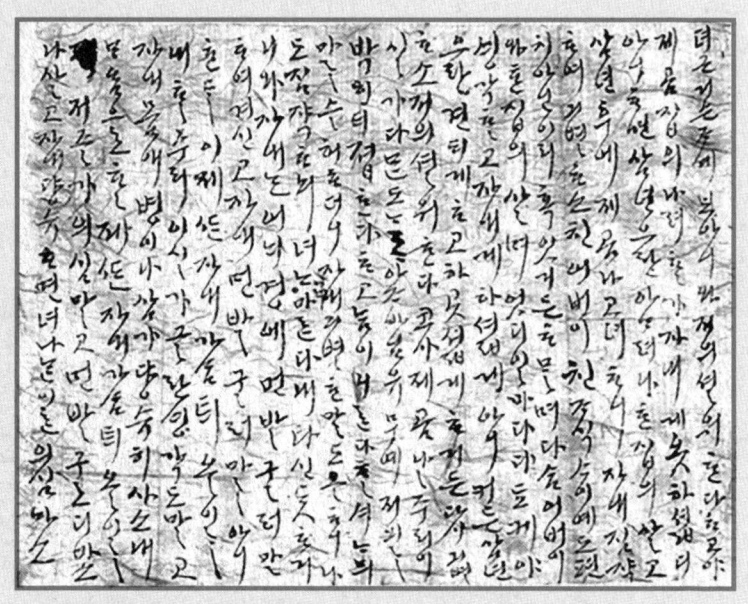

[그림 9] 진주 하씨 묘 출토 편지
곽주가 아내 진주 하씨와 전처 아들 곽이창과의 관계 개선을 위해
노력하는 모습을 엿볼 수 있다.
* 출처: 국립대구박물관

음이 컸다. 곽주의 갖은 노력이 있었지만 진주 하씨가 내린 결정을 따라서 부부는 아예 따로 살기로 하였다. 이로써 진주 하씨는 논공에서 살고, 남편 곽주, 시부모, 곽이창 부부는 소례에서 살게 된다.

그러니 남편 곽주는 진주 하씨의 주소를 논공으로 적고 택호는 오야댁이나 소례댁으로 썼다. 딸 곽정례는 어머니와 논공에서 살았으므로 택호를 현풍 논공이라고 썼다. 별거는 부부 간 편지가 이토록 많이 생산된 근본적인 원인이었다. 자세한 정황을 알기 어렵지만 갈등을 해소하려고 고군분투한 쪽은 시가에 들어간 진주 하씨가 아니라 남편 곽주였다.

부부가 따로 살면서 시가에서는 새로운 상황을 맞닥뜨리기도 했다. 시부모는 보고 싶은 손주들을 만나려면 며느리에게 아이들을 데려와달라는 말을 전해야 했다. 진주 하씨는 남편의 편지로 "소례에서 '아기네를 데려오라'라고 하시니 정례와 덕례를 못 데려가도 철례는 데려가게 하소"라고 시부모의 말을 전달받았다.

이뿐만 아니라 곽주는 부인이 시가에 적응하는 방법을 제안하거나 가르쳐주었다.

> 보리쌀은 아주 좋게 찧어 쓰도록 하소. 보리쌀이 거칠면 불평할 사람이 많을 것이니 그것을 좋게 도정해 쓰소. 자네 팔자가 남의 불평을 들으라고 타고났으니 자네 팔자를 한스럽다 할 만하네. 질투 하는 사람 탓일까. 삼 년은 눈을 감고 귀를 재우고 견디소. 매양 남의 말을 듣지는 않을 것이니 삼 년을 노

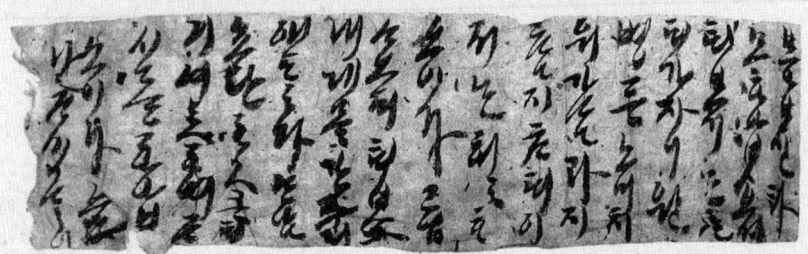

[그림 10] 진주 하씨 묘 출토 편지
남편 곽주가 가사에 서툰 진주 하씨를 가르치고 있다.
곽주에게는 두 번째 혼인이지만 진주 하씨는 첫 번째 혼인이었기에
서로 간에 좁힐 수 없는 무언가가 있었을 것이다.
* 출처: 국립중앙박물관 e뮤지엄

래 듣듯이 듣고 견디소.

혼인 후 얼마 지나지 않은 시점에 곽주가 보낸 편지이다. 아마도 진주 하씨가 보리쌀 도정법을 몰랐던 듯하다. 집안일에 서툰 진주 하씨를 보는 곽주의 시선이 곱지는 않다. 그는 하씨의 순종적이지 않은 성향을 알고 있었다. 그 때문인지 그는 하씨에게 남의 불평을 들어야만 하는 여자로 태어난 것을 탓하라며 하늘이 내린 팔자가 변하지 않듯이 여자인 것도 변하지 않기 때문에 그저 참고 견디라고 하였다. 그의 사고방식은 여자는 남을 섬기는 존재라고 한 유교 젠더 규범과 같다. 그러나 이러한 태도의 편지글은 더 이상 보이지 않는다.

사실 곽주는 전반적으로 하씨를 존중하며 조심스레 요청하는 태도를 견지하였다. "종들을 이전에 남의 종 부리듯이 하지 말고 종이 (주인으로) 생각하게끔 부려야 하네. 알아서 하소"라며 시가 노비와 마찰이 생긴 아내를 위해서 구체적인 조언을 아끼지 않았다. '알아서 하라'는 말은 아내의 선택을 존중한다는 뜻이다. 이때는 혼인 초기였을 것이다. 이후에도 곽주는, 주인이란 노비에게 직접 상을 주며 은혜를 베푸는 모습을 보이는 법이라고 편지에 썼다. 이러한 주인의 태도는 젠더에 국한되는 것이 아니라, 사대부가 노비를 부릴 때 해당하는 것이었다.

한편 진주 하씨는 집안일에 적극적으로 관여하지 않았던 것 같다. 곽주는 집에서 일어나는 모든 일은 전처 아들인 이창의 부인,

즉 첫째 며느리에게 다 알리라고 했다. 혹은 손님을 접대하는 일은 전적으로 여자 종인 작은 조시에게 맡기기도 했다. 혼인 초라고 가정한다면 진주 하씨가 시가의 일에 숙달되지 않은 상황이었을지도 모른다. 하지만 진주 하씨가 집안일에 관심을 기울이지 않았을 가능성도 배제할 수는 없다.

논공댁 곽정례의 시집살이 적응기

진주 하씨의 장녀 곽정례는 최동언崔東彦(1592~1672)과 혼인한 지 얼마 되지 않아 시가에서 살기 시작했다. 첫째 딸 곽정례가 어머니에게 보낸 편지는 총 44건으로 출토 편지 중에서 두 번째로 많다. 어머니 하씨가 곽정례의 편지를 중요하게 여겨 보관할 만큼 이렇게나 많은 편지를 보낸 이유는 무엇일까. 그 실마리는 "어머니를 만나러 가겠다"라는 구절에서 찾을 수 있다.

곽정례의 남편 최동언 일가의 세거지는 경상도 경주였다. 최동언의 아버지 최계종崔繼宗(1570~1647)은 무과에 급제하고 남포 현감을 지냈는데 그의 형, 그러니까 최종언에게는 큰아버지가 되는 최진립崔震立(1568~1636)과 함께 임진왜란 때 의병을 일으켜 많은 공적을 남겼고 병자호란 때 전사해 명성을 날린 인물이다.

최동언 일가는 그의 사촌 최동량이 본격적으로 집안을 일으켜서 현대까지 부富를 이어온 '경주 최부자집'으로 유명하다. 그러

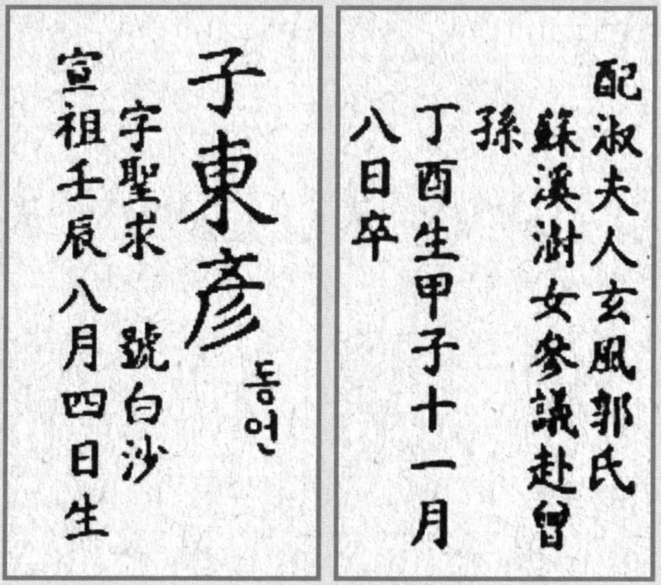

子東彥 동언
字聖求 號白沙
宣祖壬辰八月四日生

配淑夫人玄風郭氏
蘇溪澍女參議赴曾
孫
丁酉生甲子十一月
八日卒

[그림 11] 경주 최씨 족보에 기록된 최동언과 곽정례 정보

나 최동언이 살았던 당대에는 그의 아내인 곽정례 집안과는 가문의 격에 다소 차이가 난다. 현풍 곽씨는 7대 왕 세조 대에 이미 현풍 지역에 자리를 잡고 가세가 번성해 있었기 때문이다.

곽정례는 어머니와 다르게 친가에서 멀리 떨어진 경주에서 시집살이를 감당하고 있었다. 그녀가 편지로 친가 소식을 접하려면 하루 이상이 걸렸고 어린 자식을 데리고 갈라치면 이틀은 걸렸던 것 같다. 이 때문에 그녀가 겪는 불편은 이만저만이 아니었다. 예를 들어 곽정례는 혼인한 지 얼마 되지 않아 아버지 곽주의 병세가 깊어진 탓에 소식을 빨리 듣고 싶었지만 그럴 수가 없었다. 답답한 마음에 친가에서 데려온 노비인 태복이 편에 동래온천에서 치료 중인 아버지께 편지를 부치기도 했다. 아버지가 심각한 병에 걸렸다는 사실을 알고 보낸 편지에는 절절한 마음이 가득하다.

> 즉시 문안 사람이나 보내옵고자 하온들, 지금 뜻대로 사람도 못 보내옵고, 일시도 잊지 못하오니……점점 심해지셨다는 기별을 듣고, 병세도 못 뵙고 홀로 망극하고 아득해 서러움을 어찌 내내 아뢰오리까만은, (나는) 무슨 죄를 짓고 그리 중하신 병중에도 못 뵙는 것인가 생각하오니…….

이런 상황에서 곽정례는 왜 자기가 죄를 지었다고 생각했을까? 곽정례는 어머니 하씨의 혼인 사례와는 상당한 차이점이 있다. 하씨의 친가는 경상도 창녕 오야마을로 시가인 현풍과는 반나절 정도면 오갈 수 있는 거리였고 하씨에게는 어머니를 비롯한 친가 식구의 방문도 잦았다. 게다가 어머니는 아버지와 별거하며 자녀들과만 살았기 때문에 시집살이에서 나름 '자유로웠다!' 이러한 어머니의 혼인생활을 익히 보아온 곽정례가 시가에서 겪어야 하는 경험은 사뭇 달랐던 것이다.

곽정례가 시가에서 살면서 느끼는 감정은 어머니 하씨에게 보낸 편지에 잘 드러난다. 그녀는 시가생활에 적응하는 데 꽤 어려움을 겪고 있는 듯했다.

> 봄이 깊어가고 초목이 만발하니 옛일을 생각하옵고 망극 슬퍼하고 있습니다. 여기에서 제가 바라옵기는 (어머님) 기운 편하심과 아무쪼록 빨리 소식을 주시기를 바랍니다. 다시 기별을 빨리 못 들을 것이므로 그것 때문에 답답하옵니다.……문안을 아뢰옵고, 떠나온 뒤에 (어머니와 식구들) 모두 (잘) 계시며 건강은 어떠하신지 잠든 때에도 잊지 못해 시시각각 부르며 눈물을 흘립니다. 저는 덕분에 자식들을 거느리고 무사히 왔습니다. ……이번에 온 저의 자식들을 보시고 더욱 못 잊으실 줄 알기에 시시로 생각하고 눈물짓습니다.

그녀는 혼인 전 생활을 회상하면서 친가 소식을 어서 듣고 싶다며 어머니에게 솔직한 심정을 쏟아부었다. 그런데 그녀의 시집살이가 힘든 것은 친가와 멀리 떨어졌다는 점뿐만이 아니었다.

내 팔자같이 사나운 팔자가 어디 있겠습니까? 덕공이가 죽고 태복이마저 죽게 되었사오니 제 인생이 불쌍하고 '현풍(곽정례의 친가) 기별은 한 해에 한 번도 들을 길이 없구나' 해 더욱 애달아하며 서러워 눈물을 금치 못합니다. 행여 (태복이마저) 죽으면 원래 (종) 셋을 부리던 것을 둘이 없어지게 되니 어찌 살아가겠습니까? 이런 운이 올 줄 어찌 알았겠습니까? 태복이가 죽으면 험한 시댁 종들의 말을 어찌 들으려는지 더욱 민망하며 그런 딱한 일이 어디에 있겠습니까?

그녀가 혼인할 때 시가로 데려간 친가 노비들의 여건이 나빠진 것이다. 이들은 친가 연락을 이어주고 곽정례를 곁에서 보살펴주는 소중한 존재였다. 그런데 한 명은 죽었고 한 명은 병을 앓다가 건강을 회복하자 도망쳐버린 데다가 마지막 한 명인 태복이는 죽을 정도로 아픈 상태였다.

물론 친가에서 데려간 노비 상황이 좋지 않으면 시가의 노비를 쓰면 된다. 하지만 곽정례는 시가 노비를 대면하는 것조차 쉽지 않았다. 시가 노비들은 '새로 온' 주인 마님을 고분고분 잘 따르지 않았다. 편지로 곽정례의 사정을 알게 된 어머니 하씨는 나중에 여자 종 한 명을 보내주기까지 하였다. 또 농번기에 일손이 모자라면 곽정례는 친가에 연락해 노비를 보내달라고 하기도 했다. 우리는 으레 재산으로 취급당한 노비와 주인 관계는 [그림 12]와 같을 것이라고 여긴다. 하지만 곽정례나 진주 하씨의 사례를 보

[그림 12] 김홍도, 《단원풍속도첩》, 〈벼 타작〉.
왼쪽 아래에는 벼 타작을 하는 노비들과 오른쪽 위에는 자리를
깔아놓고 반쯤 드러누워서 담배를 피우며 일하고 있는
노비들을 바라보고 있는 상전의 모습이 대조적이다.

면 실제 모습은 그렇지 않았다는 것을 알 수 있다.

곽정례는 시집살이를 감당하지 못해 매우 힘들어했다. 주목할 점은 이러한 심리 상태를 어머니뿐만 아니라 남편에게도 있는 그대로 표현했다는 것이다. 혼인한 지 4~5년이 지난 때로 추정되는 1622년이다. 곽정례는 남편이 했던 말을 어머니에게 전하기를, "남편은 (제가 친가에) '못 가도 울고 가도 울고 하니 다시는 못 갈 것이다'라고 합니다"라고 하였다. 하지만 최동언의 이러한 발언은 현실성이 떨어지는 농담일 뿐이었다. 왜냐하면 이어지는 내용에, "여기에서 바라옵기는 어린 동생들을 거느리시고 기후 평안하심과 시절이 태평하게 되어 빨리 가 뵈옵고자 함이 소원입니다"라면서 남편이 무슨 말을 한들 친가에 또 갈 것이라고 다짐하고 있기 때문이다. 게다가 그녀는 어머니에게 남편의 말을 전하기까지 하고 있다.

곽정례는 이틀이나 걸리는 먼 거리였음에도 자녀를 데리고 친가에 자주 갔다. 그녀에게 친가 식구들과의 만남은 일상적인 일이었는데 거기서 밀양으로 시집간 동생을 만나 회포를 풀거나 서로의 바느질감을 교환하기도 하였다. 그녀의 시집살이 '적응기'는 친가의 심리적·물질적 후원이 없었더라면 결코 불가능했을 것이다.

효도하는 며느리? 아니, 효녀!

유교 사회에서 가장 중시된 윤리는 효孝였다. 효는 가부장 사회의 권력자인 부모가 노년생활의 안정이라는, 현실적인 문제에서 나온 이념이기도 했다. 지금이야 국가 차원에서 국민을 위한 복지제도를 시행하지만, 전근대 사람들은 스스로 모든 것을 해결해야 했으니 말이다.

한편 시가 입장에서는 가문에 새롭게 들이는 사람인 며느리가 시부모에게 복종하도록 만들어야 했다. 그래서 양반 남성은 며느리가 시가보다 친가를 더 중요시하는 세태를 비판하며 유교식으로 살았던, 모범여성의 삶을 글로 썼다. 후대를 위한, 일종의 여성 교훈서로서 활용하고자 함이기도 했다. 하지만 여성의 역사에는 '그럼에도 불구하고'가 있다는 사실을 간과해서는 안 된다. 그래서 다시 남성들이 남긴 글 속에 묘사된 효성스러운 며느리의 삶을 찬찬히 살펴봤다.

상식적으로 생각해보자. 효도하는 며느리가 되려면 기본적으로 효성이라는 성향이 탑재되어 있어야 하는 것 아닐까? 조선의 이상적인 여성상, 효성스러운 며느리, 한자로는 효부孝婦인데, 이상하게도 남성들이 쓴 효부 표현은 약속이라도 한 듯, 대략적으로 정해져 있었다.

- 천성이 효성스러웠다.

- 혼인 전 효성으로 이름이 났다.
- 부모에서 시부모에게로 효를 옮겼다.
- 부모를 섬기는 것처럼 시부모를 섬겼다.
- 시부모가 사망했을 때, 마치 부모상을 당한 듯이 했다.
- 시부모가 며느리를 친자식처럼 대했다.
- 혼인 전에 이미 시부모가 사망한 경우, 직접 봉양하지 못함을 애통해했다.
- 부모상을 당하고 슬픈 나머지 곧 사망했다.

이 중에서 가장 많이 쓰인 표현은 '천성이 효성스럽다'와 '효를 옮겼다'이다. 예를 들면 다음과 같다.

> 유인 현씨는 부모를 섬기던 마음을 시부모에게 옮겨 정성을 지극하게 했으니, 시부모가 '어질도다. 며느리여. 이 아이가 나를 잘 섬기는구나'라고 했다.
>
> — 송덕상宋德相, 《과암선생문집果菴先生文集》, 〈유인현씨묘지명孺人玄氏墓誌銘〉

그런데 천성이 효성스러운 사람이 섬기는 대상을 단박에 바꿀 수 있었을까? 기록대로 바꿨다고 치자. 그러면 혼인한 이후에는 딸로서 살기를 포기하거나, 그만두었다는 것인가. 우리는 눈치채야 한다. 이런 표현들은 관용적 수사일 뿐임을······.

역사가들은 사료를 읽을 때 매우 신중하다. 옛사람들이 남긴 것이라고 해서 그대로 받아들이지 않으며, 다양한 방법을 동원해 여러 번 검증을 거친다. 여성사 연구에서는 이러한 역사가의 자세가 더욱 중요하다. 여성들이 남긴 기록이 적기 때문에 어쩔 수 없이 남성이 남긴 것으로부터 여성의 역사를 재현해내야 하는데, 그러려면 남성의 시각을 걷어내는 작업을 반드시 거쳐야 한다. 지금 우리가 맞닥뜨린 기록들이 그러하다. 곧이곧대로 믿지 않는 편이 좋다는 것이다.

 유교 이념에 따르면 효는 하늘이 정한 이치이며, 부모에 대한 효를 단절하는 것은 인간이길 포기한, 인륜을 망치는 패륜이다. '시집온' 여성은 출가외인이므로, 부모를 시부모보다 낮은 위치의 존재로 배치해야 한다. 여성이 효를 다하는 주 대상은 시부모이고, 보조 대상은 부모이다. 하지만 아이러니하게도 '효부 표현'은 효녀로 이름이 났고, 천성이 효성스러웠다는 것이었다.

 심지어 어느 시어머니는 며느리에게 친부모 봉양하기를 잊지 말아야 한다고 훈계까지 한다. 시어머니가 며느리에게 본인에 대한 효는 물론이고, 친어머니에 대한 효심도 잃지 말라고 하는 것이다. 효를 옮겼다고 했다가, 이제는 또 부모에게 효를 다하라니!

> 나는 세상의 야박한 풍습을 싫어한다. 어찌 며느리가 나만 전적으로 받들기를 바라겠는가? 더구나 (친가) 어머니가 나이 들고 아들과 딸 중에서 오직 우리 며느리가 고귀하니 마땅히 두 노인을 균등하게 봉양해야 한다. 비록 한 가지 맛있

는 음식이라도 반드시 나누어서 맛보게 해야지 나만 누리게 해서는 안 된다.

― 김진규金鎭圭, 《죽천집竹泉集》, 〈조비행장습유록祖妣行狀拾遺錄〉

효부로 평가받는 사례 중에는 부모상을 당하고 너무 슬퍼서 사망한 경우도 있었다. 그런데 그녀들의 죽음에 시가 사람들이 느낀 상심의 이유가 석연치 않다. 효부의 사망에 안타까워했다는 기록의 행간에는 효성 깊은 며느리가 일찍 죽어서 시가 어른들을 제대로 섬기지 못했다는 의미가 숨어 있었다. 역시 '기대'를 저버리지 않는다.

태어나면서부터 타고났다는 기질이라는 의미의 '천성'. 무릇 천성은 변하지 않는 법이다. 효부 담론은 이중적이며 자기모순에 빠질 수밖에 없었다. 그래서 천편일률적인 효부 표현을 만든 것이다. 양반 남성들은 효를 옮겼다는 둥, 천성이 효성스러웠다는 둥, 이런 현실성 없는 말을 지어냈다.

왜 이러한 표현이 반복되었던 것일까. 이에 대해서 실제로 조선의 양반 여성들은 '며느리와 딸 사이의 어느 지점'에 있었던 존재라고 결론을 내려볼까 한다. 물론 앞서 알아본 출가외인 이념은 여성과 친가의 완전한 단절을 추구하지는 않았다. 그러나 시가 입장에서 며느리가 친가와 가까운 관계를 유지하는 것 또한 마땅치 않은 것이었다. 이제부터 유교 이념으로 '무장된' 기록도 숨기지 못한, 친가 챙기기에 온 힘을 기울였던 여성들의 '진짜 삶'을 좇아가보자.

시부모와 '썸 타는' 며느리

봉양하기

친가와 가까이 지냈던 효부들의 활동 중 가장 높은 비율로 나타난 것이 부모 봉양이다. 효도 활동의 일환인 봉양은 부모가 살아계셨을 때뿐만 아니라 돌아가신 이후에도 이어졌다. 그러면 효부는 시집살이 중에 어떤 방법으로 부모를 봉양했을까? 자, 놀라지 마시라. 시가에서 살지 않고 친가에 살았던 효성스러운 며느리들이 있었다. 그것도 아주 많이! 부모 병간호, 부모를 위해 이사한 사람, 아버지 유배지를 따라다닌 사람 등등 다양했다.

지금까지 조선 후기 양반 여성의 시집살이 중 친가 교류는 친가에 일정 기간 머무는 근친覲親 정도라고 분석했다. 이는 3장의 곽정례 사례만 보아도 알 수 있다. 그러나 기록에 남길 만큼 성실했던 '효부'가 실제로는 효성스러운 딸로 사는 데 온 힘을 기울였다는 사실은, 양반 여성조차도 며느리로만 만들어지길 원하지 않았다는 증거이기도 하다.

박윤원(1734~1799)의 여동생은 어머니와 가까운 곳에서 살기 위해 거주지를 바꿨다. 시가에 살았던 그녀는 어머니와 떨어져 지내며 자주 찾아가지 못하는 상황을 해결했다. 박씨는 남편 및 시가 사람과 의논해 지방의 집을 팔아 서울에 정착하였다. 그의 어머니는 상경했고 그들은 한 마을에서 살며 왕래하며 지냈다. 이에 박윤원은 '여동생의 효도 업적'을 칭찬했다(박윤원朴胤源,《근

[그림 13] 《삼강행실도三綱行實圖》, 〈루백포호고려婁伯捕虎高麗〉.
12세기 인물 최루백은 아버지를 죽게 한 호랑이를 때려죽이고 가죽을 벗겨내어 원수를 갚았다.
그는 한반도 역사가 낳은 효성의 표상 중 한 명이었다.
*출처: 국립한글박물관

재집近齋集》,〈제서매문祭庶妹文〉).

그렇다면 남편의 기록은 어떨까? 조지겸의 아내 심씨(1639~1685)는 무고로 유배형을 받은 아버지를 4년 넘도록 따라다니며 봉양했다. 시작은 혼인한 지 얼마 되지 않은 시점부터였는데, 아버지가 유배에서 풀려나니 그제야 남편이 있는 집으로 돌아왔다. 조지겸은 아내의 삶을 회상하면서 아내가 부모에게 효도하기를 마치 아들처럼 했다는 인상을 받았다고 했다. 심씨는 혼인생활 내내 거의 친가에 머물렀고 남편이 사는 시가에 잠시 들러서 인사를 하는 정도였다. 그래서 부부는 만날 때마다 서로를 손님처럼 대하며 예를 갖추었기 때문에 부부 사이가 좋았다고 아내의 '올바른' 삶을 추켜세웠다(조지겸趙持謙,《우재집迂齋集》,〈망실심부인묘지명亡室沈夫人墓誌銘〉).

제3자의 입장은 어땠을까? 채팽윤은 3일에 한 번씩 아버지를 찾아갔던 한씨에 대해서 깊은 효심에서 나온 행동이었다고 칭송했다(채팽윤蔡彭胤,《희암집希菴集》〈의인한씨묘지명宜人韓氏墓誌銘〉). 이렇게 시집살이가 당연했던 효부가 부모와 살았던 삶에 대해서도 남성들이 정리하고 있는 방식은 '효'였다. 이후 시집살이 문화가 심화되면서 친가 부모와의 동거 사례가 이전만큼은 드러나지 않는다. 하지만 시간이 흘러도 일상에서 부모에게 좋은 물건, 맛있는 음식을 보내어 기쁘게 해드리는 일은 변함없었다.

효부들은 부모 사후 봉양인 상례와 제사에 직간접적으로 참여하거나 주관하였다.

《소학》에서 '여자는 상을 치르러 백 리를 가지 않는다'고 한 것은 옛날 제후의 땅이 큰 나라일 경우에도 백 리가 넘지 않았고 여자가 국경을 넘어갈 수 없었기 때문이다. 그렇지 않다면 비록 여자라고 해서 어찌 부모의 상에 달려가는 것을 허락하지 않겠는가?

- 윤봉구尹鳳九, 《병계집屛溪集》, 〈고모숙부인윤씨정판후기姑母淑夫人尹氏旌板後記〉

1736년 파평 윤씨는 어머니가 위독하다는 소식을 듣고 말을 세내어 달려서 염습하기 전에 가까스로 도착했다. 오빠 윤봉구는 시가에서 멀리 떠난다는 것은 여성의 본분에 어긋난 것이라 비난을 받을 수도 있겠다고는 했다. 하지만 효행은 예외 조항이라며 유교 성현이 하신 말씀의 본질을 흐려버렸다.

한편 여성들은 젠더 위계질서를 규정한 장치인 상복제를 무시하기도 하였다.

> 부인의 아버지인 목사공이 외직을 맡아 나갔다가 갑자기 병에 걸렸다. 부인은 이미 장성해 가家를 이루고 있었는데 병환이 생겼다는 소식을 듣자 곧장 밤새워 달려갔다. 밤낮으로 곁에 있으며 밤에 잠자리에 들지 않고, 약은 반드시 직접 갖추어 드렸다. 그 뒤에 (어머니) 정부인이 병에 걸렸을 때도 또한 그같이 했다. 목사공의 병이 위태롭게 되자 칼로 다리 살을

베어 피를 내서 약에 섞어 드렸다. 목사공이 돌아가시자 또 슬픔이 병이 될 정도였으나 조금도 두려워하지 않았다. 3년 상을 마치고도 여전히 좋은 음식을 먹지 않고 음악을 듣지 않았다. 이에 안팎의 가까운 형제들이 모두 '딸로서 이처럼 효성을 다하는구나'라고 했다.

- 최창대崔昌大, 《곤륜집昆侖集》, 〈증정경부인전주이씨묘지명贈貞敬夫人全州李氏墓誌銘〉

앞서 살폈듯이 유교의 상복제도를 그대로 구현한 조선의 법전 《경국대전》에 따르면 기혼 여성은 부모상을 1년 치러야 했다. 하지만 최창대는 3년 이상 지키는 여성에 대해서도 효심이 깊다고 크게 칭송하였다. 이러한 반응의 숨은 의미는 여성은 학문을 수양한 남성처럼 효행을 할 수 없는데, 이토록 온 힘을 다해 효도하였기에 대단하다는 것이다. 여성의 친가 부모에 대한 효행을 포장하는 방법은 남성 못지않은 주체로서 인정해주기였다.

제사의 경우, 제수품을 챙겨서 물건만 보내기도 했고 본인이 죽으면서 자손에게 제수품 보내기를 맡기기도 했다. 그럼 집안의 제사를 더이상 지낼 수 없는 경우에는 어떻게 했을까? 효부는 가부장의 권력을 가진 어머니이자 시어머니이기도 했다. 시간이 흐르며 자연스레 권력을 가진 여성은 자기 부모에 대한 효도나 자기 친가에 특별한 관심을 기울일 것을 자식과 며느리에게 명했다. 남양 홍씨(1647~1721)는 종손에게 이런 유언을 남겼다.

우리 두 집안이 함께 살면서 사이가 좋고 허물이 없이 지금까지 왔다. 너희들은 마땅히 힘써야 할 것이다.……문설주 위에 생선과 쌀이 있다. 돌아가신 아버지 기일을 위해 내가 마련해 둔 것이니 때에 맞추어 보내드리는 것을 잊지 말아라.

— 정덕린趙德鄰, 《옥천집玉川集》, 〈공인홍씨묘지명恭人洪氏墓碣銘〉

병자호란 당시 척화론을 주장해 죽임을 당한 홍익한洪翼漢을 아버지로 둔 홍씨(1626~1682)는 집안이 몰락한 후 스스로 친가 사당을 만들고 후사를 세웠다. 일찍이 아들들에게 말하기를, "우리 아버지 무덤에 아직도 묘석이 없으니 무엇으로 길이 표시를 남기겠느냐?"라고 했다고 한다. 또한 아들들에게 외할아버지가 남긴 글과 친필을 모아서 읽게 하며 들을 때마다 그리움에 눈물을 흘렸다(송시열, 《송자대전宋子大全》, 〈숙인홍씨묘지명淑人洪氏墓誌銘〉). 놀랍게도 홍씨의 묘지문을 쓴 사람은 송시열이다. '일타강사'처럼 시집살이 지침서를 써서 딸에게 선물까지 한 사람이, 시부모가 아닌 부모에게 효심 깊은 기혼 여성을 칭송하다니!

친가 사람들과 긴밀히 교류하기

여성들은 시가의 부족한 경제 사정 등을 이유로 친가 사람들과 긴밀히 교류했다. 친가의 재력과 사회적 지위를 뒷받침 삼아 긴밀한 관계를 유지했다. 가령 18세기 중반의 인물 임씨는 시가가 너무나도 가난해 제사를 지내기는커녕, 병도 치료할 수 없었고 굶주림과 추위로 힘들게 지냈다. 그녀의 아버지는 딸의 힘든 사정을 알고 새로 집을 지어 친가 가까이에서 살게 하려고 했다. 이때 임씨는 아버지에게 이렇게 이야기한다.

> 시가에 어른이 없고 가난하며, 또 형님은 저렇게 병들어 있는데, 동생이 어찌 아내를 따라 이리로 올 수 있겠습니까? 그렇지만 저 역시 아버지의 하나뿐인 딸이어서 정리상 멀리 떨어져 있을 수도 없으니, 두 집안의 중간에 집을 만들어주십시오.
> ― 이광려李匡呂, 《이참봉집李參奉集》, 〈임부인전林夫人傳〉

현실적으로 친가의 경제적 도움을 받아야 했던 임씨는 시가에 대한 나름의 도리를 지키려고 했다. 그 후로 그녀는 친가의 후원을 받으며 남편 뒷바라지를 할 수 있었고 시가의 가세를 세울 수 있었다.

원주 원씨(1740~1783)는 시가의 가난함으로 고향인 여주에 가서 친인척에게 도움을 받았다. 그는 아버지 묘 가까운 곳에서 살며 친가에 의지했고, 혼인 전에 살았던 집을 수리해 그곳에서 살았다(유한준俞漢雋, 《자저속집自著續集》, 〈증정경부인원씨묘지명贈貞敬夫人元氏墓碣銘〉).

북학계 인물로 국왕 정조의 신임을 얻었으나 서얼의 신분 한계를 겪었던 성대중은 외갓집에서 태어나고 생활했다(성해응成海應, 《연경재전집研經齋全集》, 〈이모유인이씨제문姨母孺人李氏祭文〉). 성대중의 아내 이씨는 가난했던 시가 살림으로 인해 친가로부터 경제적인 후원을 받으며 살았다. 이씨는 남편의 사망으로 혼자가 된 언니와 여동생을 데려와 20년 넘게 함께 살면서 조카들까지 길러주었고 노년의 어머니도 모시고 살았다. 아들 성해응은 어머니가 깊은 효심과 형제와의 돈독한 우애로 충만한 삶을 살았다고 칭송할 따름이었다(성해응, 《연경재전집》, 〈선비성대중처행장先妣成大中妻行狀〉).

친가 유지하기

여성들은 친정의 대가 끊어지지 않게 하고 그 품격을 유지하기 위하여 물심양면 노력했다.

윤봉구의 부인 박씨(1687~1750)는 어머니의 사망으로 병든 아버지가 의지할 데가 없게 되자, 그로부터 10년 동안 아버지가 사망할 때까지 함께 살며 봉양했다. 또한 친척 중 한 명을 입후자로 선정하여 집에서 기르고 가르쳤으며 배필을 구해 혼인시킨 후 제사를 받들게 했다(윤봉구尹鳳九, 《병계집屛溪集》, 〈유인박씨행장孺人朴氏行狀〉).

손흥 안씨는 은진 송씨의 종손인 송규렴宋奎濂(1630~1790)의 어머니다. 그녀는 종손을 낳은 종부로서 이른바 '가부장의 권력'으로 친가를 유지하였다. 그녀는 사망한 아버지의 업적을 따로 챙길 자식이 집안에 마땅히 없어서 시가 식구로서 높은 학식을 자랑하는 송시열에게 아버지의 묘비 글을 써줄 것을 청했다. 그녀의 요청을 흔쾌히 받아들인 송시열은 안씨가 종갓집의 첫째 며느리면서 깊은 효성과 솔직한 면모를 보인 점을 인정하기에 명을 쓴다고 남겼다. 안씨는 아버지 묘비 건립 비용이 모자라자 면포를 만들어 팔아 충당했다. 이 일은 며느리에게도 시켰다. 나중에는 본인이 죽을 때까지 해내지 못하자 아들과 며느리에게 자신의 장례를 치르지 않아도 되니, 그 대신 아버지 묘비 건립은 무조건 마치라는 유언을 남겼다.

또 안씨는 아버지의 유일한 서자 아들을 뒷바라지했다. 그녀는 남동생의 생활을 도우며 집안 제사를 혼자 감당하였다. 남동생 혼인을 주관한 이후에도 서자 신분인 남동생에게 제사를 전적으로 맡기지는 않았다(송규렴宋奎濂,《제월당집霽月堂集》,〈선비증정부인순흥안씨행장先妣贈貞夫人順興安氏行狀〉).

친가 방문은 당연한 '권리'

여성이 친가와 긴밀한 관계를 유지하는 일반적인 방법은 근친覲親이었다. 근친이라는 용어는 성별 관계 없이 자녀가 부모를 곁에서 모시며 봉양하는 행위를 뜻한다. 일례를 들면, 조선 남성은 아버지가 타 지역 관리로 부임할 때에 그를 따라가 '근친하였다.'

조선 후기가 되면 기혼 여성은 대체로 시집살이를 하였으니 이들의 근친은 친가에 가서 머무르며 부모를 모시는 형태라고 보면 된다. 여성 교훈서에서는 기혼 여성의 근친, 즉 친가 왕래를 되도록 줄이라고 하였다. 그러나 실제 조선 여성들은 근친의 기간과 시기를 결정하는 데에 별다른 어려움을 느끼지 않았고, 다른 사람에게 방해받지도 않았다.

18세기 후반 무렵 인물인 성산 여씨는 평생 친가를 오갔는데, 시기를 가리지 않았다. 극단적인 예로, 손아래 동서가 위독했을 때도 친가에 가겠다고 요청하자 시아버지는 이를 막지 못했다. 시동생 노상추는 큰형수가 되는 성산 여씨의 처사가 못마땅하다는 감정을 일기에 써서 표현하는 정도였고, 시가 친족 남성들은 성산 여씨를 친가에 바래다주었다. 여성 교훈서대로라면 출가외인의 친가 출입은 부모 사망 같은 큰일이 아니면 불가능한 일이다. 하지만 실제로는 여성들에게 근친은 일상의 루틴 같은 것이었다.

　한편 친가에서 출산을 준비하고 몸조리하며 아이를 키우는 전통은 그 자녀들과 외가 식구들이 친연성을 갖게 하는 배경으로 작용했다. 《계녀서》의 저자인 송시열은 먼저 세상을 떠난 어린 외손주들을 위한 절절한 제문을 지어 그들의 혼을 달래주었다. 그중 외손녀 윤온尹溫에게 쓴 글이다.

　아아, 너 온이야! 내 마음이 어떠하겠느냐? 너의 어짊이 내 슬픔을 더욱 깊게 하는구나. 네가 나고 한 해가 지날 무렵 외할머니가 네게 젖을 먹여 길렀는데 너의 이종을 불러 반드시 함께 먹게 했더니 그 아이가 오지 않으면 끝내 먹지 않으려 했다. 내가 몹시 놀라고 기특하게 여겼고 사람들은 성품이 어질다고 했다.…… 지난달 초에 돌아올 계획이 이미 결정된 뒤에는 손가락을 꼽으며 네가 문에서 맞아줄 것을 기대했다. 편지를 주고받을 때도 그렇게 말하곤 했는데, 갑자기 너의 부음을 듣게 되니 얼마나 놀라고 애통했겠느냐?⋯⋯ 들으니 네가 숨이 끊어지려 할 때 나를 부르며 여러 번 한숨을 쉬었다고 하더구나. 네 어찌 나를 원망하지 않았겠느냐? 가서 급히 돌아오지도 못하고 의약으로 네 죽음을 구하지 못해 변고를 면치 못하게 했으니 이는 누가 그렇게 했는가? 내가 실로 너를 저버렸으니 무엇으로 용서를 구하겠느냐?

— 송시열, 《송자대전》, 〈제외손녀윤랑문祭外孫女尹娘文〉

송시열은 "온이야!"라며 손녀의 이름을 부르며 젖먹이의 어린 나이에도 어진 행동을 했던 그 모습을 떠올렸다. 윤온은 외가에서 태어나고 자랐는데, 너무 짧은 생을 살았다. 윤온의 관은 그녀의 친할아버지 집에 있었는데 지킬 사람이 없자 송시열은 자기 집으로 빈소를 옮기고 매일 아침과 저녁에 상식을 올렸다. 윤온이 숨이 끊어지려 했을 때 외할아버지를 부르며 여러 번 한숨을 쉬었다는 말을 전해 들은 송시열의 애통함은 이루 말할 수 없었다. 안타깝게도 그가 몇 달 동안 타지에서 머무르던 중에 윤온이 갑작스레 죽었던 것이다. 그는 아픈 손녀를 만나지도 못하고 약도 가져다주지 못해 목숨을 구하지 못했다는 자괴감을 느꼈다.

친가 선영에 묻힌 파평 윤씨(1632~1654)

파평 윤씨(1632~1654) 이야기는 17세기 양반 여성이 딸과 며느리로서 살았다는 의식을 보여주는 대표적 사례이다(이선李選, 《지호

집芝湖集》,〈망실유인윤씨행장亡室孺人尹氏行狀〉).

　윤씨의 아버지는 인조~현종 대에 가문을 이끌었던 윤강尹絳(1597~1667)이다. 어머니는 선조-광해군-인조 대의 정권 변동에도 불구하고 중앙의 주요 관직을 역임했던 정성광鄭廣成(1576~1654)의 장녀다. 또한 그녀의 외삼촌은 20여 년 동안 다섯 번이나 영의정을 역임하며 현종을 보필했던 정태화鄭太和(1602~1673)다. 실로 대단한 가문 출신인 윤씨는 인조반정 때의 공을 인정받은 이후로 중앙 정치계에서 승승장구했던 이후원의 아들 이선李選(1632~1692)과 혼인했다.

　이선의 스승인 송시열은 윤씨의 시아버지인 이후원, 아버지 윤강과도 각별한 사이였던 관계로 윤씨의 묘지명을 써 주었다. 송시열은 윤씨의 삶을 평가하기를, 시부모 섬기기를 부모에게 하는 것과 똑같이 했고, 남편 이선을 공경함에도 어긋나는 것이 없었다고 했다.

　그런데 윤씨의 삶을 찬찬히 보면 송시열의 총평이 조금 의심스러워진다. 그녀는 혼인 후 6년이 지난 해부터 안산에 있는 친가 옆에서 살기 시작했고, 1년 후에는 각기증을 앓았는데, 이때부터 건강이 많이 나빠지고 말았다. 이후에 몸 상태가 조금 나아졌다고 여겨 혼인 후 처음으로 시부모를 뵙기 위해 먼 길을 떠나 시아버지를 만난 후 시어머니의 묘소에 가서 인사했다. 하지만 그 뒤 다시 친가로 돌아와 어머니 묘소에서 절하다가 넘어져 병이 다시 도지고 말았고 1년 후 사망 직전에 아버지를 데려와달라고 청해

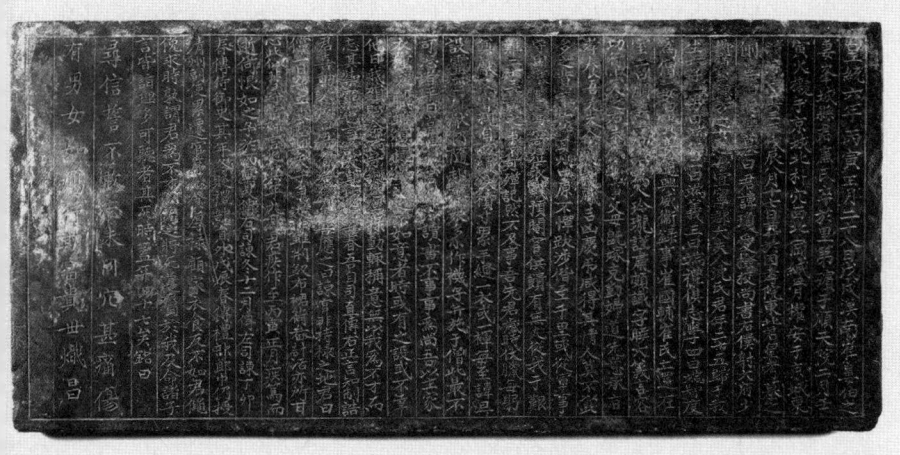

[그림 14] 12세기 인물 염경애의 묘지명.
고려 귀족 여성 염경애는 아버지 곁에 묻혔다.
고려시대에 여성이 친가 선영에 묻히는 일은 일반적이었다.
* 출처: 국립중앙박물관

서 만나고는 세상을 떠났다.

　아버지 윤강이 마련한 윤씨의 무덤 자리는 시가의 선영이었다. 하지만 윤씨는 유언을 남긴 터였다. "내 병은 아마도 일어나지 못할 병인 것 같습니다. 그러니 나를 어머니 옆에 묻어주십시오." 남편 이선은 아내의 마지막 소원을 저버리지 않고 그녀가 사망한 지 27년 만인 1681년, 안산 초지 마을에 묘 이장을 성공적으로 마쳤다. 윤씨의 영혼을 위로하기 위한 글을 쓴 남편 이선은 어머니 곁에 자기 묘를 만들어달라고 부탁한 윤씨에 대해 깊은 효심을 가지고 있으니 유언을 실행하기 위해 온 힘을 기울였다고 했다. 이선의 글을 초본으로 삼아 묘지명을 쓴 송시열도 그녀의 효심을 입이 마르게 칭찬할 뿐이었다.

　윤씨는 출가외인으로서 시가의 선영에 묻혀야 마땅했지만, 효성이 깊었던 그녀는 자신의 바람대로 친가 선영에 잠들었다. 윤씨뿐만 아니라 17세기에 양반 여성의 묘지를 친가 선영에 조성한 사례는 같은 시기에 종종 나타났고 기록으로 남았다.

　이렇게 효 이념은 유교에서 가장 중시하였던 실천 이념이었기에 양반 여성에게 전략의 도구로 이용될 수 있었다. 17세기에는 상대적으로 많은 비율의 양반 여성들이 친가와 더 가까운 관계를 유지하고 있었다. 물론 시간이 흐르면서 친가와의 관계 유지 방법이 조금 소극적으로 바뀌었지만, 그들이 딸로서 살아가는 모습에는 변함이 없었다. 그들은 시가와 친가 사이에서 애매하고도 유동적인 입장을 갖고 유교식 효 이념을 이용해 친가를 위해 다양한 경로를 통해 적극적으로 행동했다. 그렇기에 양반 남성들은 출가외인의 틀에서 벗어났던 기혼 여성의 모습을 유교 이념의 최상위 가치인 효로 포장하는 수밖에 없었다. 정신 승리가 따로 없다. 이렇듯 효 이념은 젠더에 따라 달리 이용되는, 역설을 낳았다.

04

젠더 규범을 따르지 않은
여성들의 이야기

이혼 요구 프리패스권,
'칠거지악'과 '강상을 무너뜨린 죄'

재혼의 자유가 없는 조선 여성에게 과연 이혼의 자유가 있었을까? 결론부터 말하면 남성과 그의 집안은 '일방적인' 이혼 요구권을 가지고 있었다. 물론 여성은 그러한 권리를 갖지 못하였다. 조선시대까지만 해도 현대 사회와 같은 이혼 개념이 없었던 이유이기도 하다.

사대부 남성은 일곱 가지 악한 행동, 즉 칠거지악을 행한 부인을 쫓아낼 수 있는 권리를 가졌다. 공자는 "부인에게는 일곱 가지 내쫓김이 있으니, 시부모에게 순종하지 않으면 내쫓기며, 자식이 없으면 내쫓기며, 음란하면 내쫓기며, 질투하면 내쫓기며, 나쁜 질병이 있으면 내쫓기며, 말이 많으면 내쫓기며, 도둑질하면 내쫓긴다"라고 했다.

요즘 대중가요 가사를 보면 남녀가 만나고 헤어질 때 '버린다' 라는 표현을 잘 안 쓰는 듯하다. 하지만 2010년대까지만 해도 '나는 여자라서 버림받았지만, 여전히 널 사랑해'라는 식의, 이런 비련의 여주인공 같은 수동적인 노랫말이 많았다. 버리다니…… 아니, 사람이 물건인가!

사실 조선시대의 '이혼'은 한자로는 '기처棄妻'라고 하였는데, '처를 버리다'라는 뜻이다. 《조선왕조실록》이나 《승정원일기》와 같은 관공서의 문서에는 물론이고, 조선 사람들이 생활 속에서 쓰는 일반적인 용어였다. 기처는 혼인관계의 해소를 의미했으며 시가에 의해 일방적으로 이루어지는 일이었다. 조선 전기부터 기처로 인해 사회질서가 무너지는 상황이 생겨 조정에서는 엄격히 규제했지만, 칠거지악은 계속 악용되어 기처가 빈번히 일어났다.

조선시대 이혼의 주체는 부부가 아니라, 부모였다. 좀 더 정확하게 말하자면 시가媤家였다. 이쯤에서 유교의 '강상綱常'이라는 개념을 짚고 넘어가야겠다. 강상이란 부모, 자녀, 부부, 형제, 임금과 신하로서 서로 지켜야 할 기본적인 도리다. 패륜 범죄라는 말을 들어본 적이 있을 것이다. 패륜은 강상을 무너뜨린 행위로, 지금도 일정 부분 남아 있으며 범죄로 취급된다. 그러니 강상 윤리가 시대착오적인 개념만은 아니다. 다만, 조선의 강상은 사회규범의 제1원칙이었다.

게다가 강상은 유교 젠더 규범과 '절친관계'였다. 조선 여성은 이 두 가지 규범에 완전히 종속되어 있었고 규범들에 따르지 않았

[그림 15] 《삼강행실도》
조선에서는 사회에 강상의 윤리를 전파하기 위해 그림과 설명을 넣은
각종 교화서를 만들고 한글본까지 만들었다. 중국과 고려~조선에서 충신, 효자,
열녀로 이름난 인물을 선정해 수록했다. 그림은 《삼강행실도》 중 중국 사람
유인후가 아홉 살에 아버지를 여의고 묘 옆에서 먹고 자며
사망한 아버지를 모신 일화를 소개한 것이다.
* 출처: 국립한글박물관

을 경우, 젠더 차별적 처벌을 받거나 권력에 의해 희생되어 영원히 기억되었다. 지금부터 살펴볼 신숙녀를 둘러싸고 일어났던 이야기는 바로 그러한 예다.

신숙녀는 인조 9년(1631) 시가에서 쫓겨난 것을 앙갚음하기 위해 시아버지, 시큰아버지, 시동생을 저주해서 죽게 만들었다는 혐의로 고발당한 인물이다. 훗날 이긍익의 역사서 《연려실기술》에 실릴 만큼 당대를 대표할 만한 사건이었다. 그러나 조정은 사건을 2년 동안이나 해결하지 못하였는데, 마지막에는 신숙녀의 옥중 자살로 흐지부지되고 만다.

이 사건, 도대체 어디서부터 잘못된 걸까? 먼저 '옥사'의 전말을 이해하기 위해서 17세기 전반 조선이 처한 시대적 맥락을 파악하려고 한다. 첫째, 위정자들은 임진왜란 이후 어지러운 사회질서를 바로잡겠다는 의지로 가득 차 있었다. 둘째, 국왕 인조가 반정에 성공한 후 왕권을 강화하는 중이었다. 셋째, 건국 이후 유교 이념으로 정비된 문물 및 제도의 사회적 효과가 드러나던 때였다. 대표적으로 무속신앙의 경우, 사회적 기능을 잃고 개인적 기능만 남게 되었다. 넷째, 혼인제도가 조금씩 변화하는 모습을 보이면서 가족의 주거지가 남성 집안 근거지로 바뀌어나가던 때였다. 그 결과 여성은 예전보다 며느리로서의 정체성을 더 빨리 획득했다. 이른바 '시집살이' 문화가 서서히 드러나면서 부부 사이나 여성과 시가 친족 사이에서는 예전보다 더 많은 마찰이 생기기도 했다.

그런데 신숙녀 옥사 사건을 자세히 들여다보면 14~17세기 유럽에서 기독교 및 세속 권력을 지키기 위해 남성의 보호에서 벗어나 있는 여성을 처벌한 마녀사냥을 연상케 한다. '조선판 마녀사냥' 신숙녀 옥사를 통해서 유교를 외치며 권력을 지키고 부계질서를 단단히 다졌던 양반 남성들의 실체를 파헤쳐보자.

저주 살해 고발과 무려 다섯 번의 판결 번복

사건은 인조 9년(1631) 4월, 관찰사의 보고로 수면 위로 드러났다. 시작은 충청도 청양의 이점李漸 집안에서 몇 년 전에 쫓아낸 며느리 신숙녀를 저주 살인죄로 고발하면서부터였다. 사이가 돈독해야 할 양가 사이에 무슨 일이 있었던 것일까?

함평 이씨 족보를 살펴보면 이점에게는 세 명의 부인이 있다. 그중에서 두 번째 부인인 고령 신씨가 신숙녀인 듯하다. 고령 신씨는 양주에 위치한 아버지 묘 옆에 묻혀 있고, 이점과 나머지 부인들 묘는 함평 이씨 세거지인 청양에 있다. 신숙녀는 시가에서 쫓겨나자 친가로 가서 살다가 아버지 곁에 묻혔음이 틀림없다.

먼저 두 집안의 사회적 위치를 살펴보자. 신숙녀의 아버지 신설申渫(1560~1631)은 한마디로 능력자였다. 1591년(선조 24) 문과에 급제해 청요직인 홍문관이 되었고 임진왜란 때는 의병장으로 활약했으며 광해군 대에는 외교관까지 역임했다. 그러다가 역모의 의심을 샀으나 국왕의 두터운 신임을 받았기에 처벌받지 않았다. 다음 국왕인 인조 대에도 신하들의 처벌 요청이 있었으나, 소용없었다.

신숙녀의 시가인 함평 이씨 일족은 당대 최고 권력을 쥐고 있는 가문 중 하나였다. 인조반정의 공신, 이해李澥(1591~1670)라는 인물을 배출했던 것이다. 일례로 신숙녀의 시큰아버지 이효원은 광해군 대에 영창대군을 옹립하려 한 죄로 유배 중이었는데, 아들인 이해의 인조반정 참여로 풀려났다.

그런데 1628년 9월 무렵 시아버지 이복원이 신숙녀의 악독한 성품과 말이 많은 것을 문제삼아 그녀를 쫓아냈다. 그리고 1년이 채 되기 전에 시아버지 이복원, 시큰아버지 이효원(이해의 아버지), 시동생 이잠李潛까지 차례로 병에 걸려 사망했다. 2년 7개월 후인 1631년 4월 시가 일족이 신숙녀를 저주 살인죄로 관아에 고발하게 된다. 운명의 장난인지, 신숙녀의 아버지 신설은 그해에 사망했다.

이해 집안 사람들은 주장만 하지 않고 증거까지 제시하였다. 그들은 쫓겨난 신숙녀가 살고 있는 집 마당에서 저주에 쓰였다고 추정되는 해골을 관아에 제출하였다. 또한 신숙녀에게 해골을 제공한 사람으로 자기네 집안 종인 만수를 지목하였다. 충청감사는 만수와 그의 아내 천화, 신숙녀를 심문했다. 물론 만수와 천화의 진술은 주인들인 함평 이씨 일족의 주장과 일치했다. 그러나 신숙녀는 억울하다며, 절대 사실이 아니라고 진술했다.

저주 살인죄가 사실이라면 강상을 해친 중죄였으니 조정이 수사에 나서야 했으므로 충청감사는 이 소송을 형조로 보냈다. 요즘으로 따지면 지방법원 판사가 사건을 선별하여 상위 기관인 대법원으로 사건을 올린 것이다. 조정에서는 충청도 관아에서 만수, 천화, 신숙녀로부터 받아낸 진술이 서로 일치하지 않으니 강상죄, 반역죄를 다루는 의금부에서도 바로 논의할 수 없다고 판단했다. 강상 윤리와 관계되는 옥사는 사건을 재확인하는 것이 규례이기도 하여 재조사를 진행했다.

이로부터 약 2개월의 시간이 흐른 후 신숙녀는 무고라는 결론에 이른다. 이대로 사건은 잊히는 듯했다. 그러던 중 신숙녀의 시큰아버지 이효원의 아들, 반정공신이자 권력가인 이해의 격쟁으로 분위기가 급변해 국왕이 사건을 직접 챙기기 시작한다. 이제 사건은 새로운 국면에 접어들었다. 복잡했던 신숙녀 옥사의 경과를 보기 쉽게 시간순으로 정리해보았다(표 5).

놀랍게도 판결은 무려 다섯 번이나 번복되었다. 왜 그랬을까? 첫째, 신숙녀의 시가는 당대 최고 권세를 자랑하는 집안이었다. 반정공신 이해의 격쟁은 수사 방향을 저주 살인 확인으로 바꾸는 데에 결정적 역할을 했다(표의 8번). 도중에는 함평 이씨 일족을 옹호하는 사람들도 나왔다. 대표적으로 반정 2등 공신이자 예조판서, 훗날 병자호란이 일어났을 때 주화파의 대표 인물인 최명길을 들 수 있다. 그는 이해와 사돈이 될 만큼 각별한 사이였는데 이해로부터 고발 소장을 받아 읽어보아서 이 일을 잘 알고 있다며 신숙녀가 '패악한 행동'으로 시가에서 쫓겨난 '사실'

[표 5] 신숙녀 옥사의 경과

연번	시기	사건 경과
1	1628. 9	신숙녀가 시가에서 쫓겨남
2	1629.	시아버지 이복원, 시큰아버지 이효원, 시동생 이잠 사망
3	1631. 4	시가에서 신숙녀 고발
4	1631. 4~6	충청도 관찰사 자체 조사
5	1631. 6	조정에서 재조사 지시
6	1631. 7	수사관이 청양에서 조사(1차), 신숙녀가 무고당했다고 보고
7	1631. 8	수사관이 청양에서 조사(2차), 옥사 성립 안 된다고 보고. 무고로 결론
8	1631. 8. 11	시큰아버지 이효원의 아들 이해의 격쟁
9	1631. 8. 30	판결 1차 번복. 혐의 있음. 인조, 1·2차 수사관을 옥에 가두고 재조사 지시
10	1631. 11	3차 수사관이 청양에서 조사, 증거도 자백도 없다고 보고
11	1631. 11. 8	인조, 신숙녀 잡아들이고 조력자 혐의가 있는 천화·만수 형신 지시
12	1631. 윤11. 5	판결 2차 번복. 의금부 무죄 판결. 인조의 '용서'로 방면
13	1631. 윤11. 7	남편 이점 격쟁. 인조, 치죄 지시
14	1631. 윤11. 10	반좌율 적용해 신숙녀 시가 사람들을 의금부에 송치
15	1631. 12. 14	시가 사람들 방면
16	1631. 12. 14	판결 3차 번복. 인조, 신숙녀의 혐의 성립된다고 판단
17	1632. 1. 11	조력자 혐의가 있는 천화·만수 형신 끝에 사망
18	1633. 7. 21	판결 4차 번복. 인조의 '용서'로 방면
19	1633. 8. 6	판결 5차 번복. 인조, 신숙녀가 시가에서 쫓겨나게 된 경위 조사 지시
20	1633. 8. 6	신숙녀 자살
21	1633. 9. 5	사건 종결

을 상기해주었다.

둘째, 강상을 범한 중죄로 다루어진 점이다. 당시에는 노비가 주인을 죽이거나 자녀가 부모를 살해하는 사건이 자주 일어났다. 사실 이 옥사는 의금부의 입장대로라면 함평 이씨 일족의 무고죄로 끝날 일이었다. 정작 판결을 번복한 사람은 인조였다. 기록에 의하면, 인조는 형조의 보고가 있을 때부터 이미 자식이 부모를 죽인 일이라고 여겼던 것으로 보인다. 무엇보다 국왕 인조가 주목한 것은 신숙녀가 '시가에서 쫓겨난 여성'이라는 사실이었다. 그는 문란해진 윤리를 바로 세울 기회로 생각했다.

셋째, 저주를 이용한 살인 행위라는 것이다. 인조는 사족이라고 해서 눈감아준다면 저주 관련 변고가 계속 생길 것이라고 했다. 조선은 저주행위를 금기시하고 형벌로 엄하게 다스렸다. 하지만 성별이나 신분을 불문하고 조선 사람들의 저주에 대한 믿음은 매우 강했다. 특히 고대부터 여성에게는 신비한 주술 능력이 있다고 여겨왔다. 생명을 탄생시키는 여성만의 능력으로 말미암아 만들어진 표상이었다. 그런데 조선시대가 되면서 주술을 잘 부리는 여성 이미지는 혐오의 대상이 되었다.

게다가 인조는 저주를 두려워하는 사람이었다. 그는 좀처럼 낫지 않는 질병의 원인을 본인이 당하였던 저주에 얽힌 사기邪氣 때문이라고 여겼다. 당시에 사기는 간질을 일으킨다고도 여겼는데, 마침 왕비인 장렬왕후가 간질 진단을 받았다. 그래서 인조는 왕비를 가까이에서 돌보기는커녕 경희궁으로 이사하게 해서 오래도록 방치했다. 물론 정치적 배경도 있었지만, 사기 때문에 왕비를 극도로 꺼린 것이었다.

넷째, 당시 인조는 서인 세력과 반정에 성공한 후 왕권을 강화해야 하는 '미션'이 있었다. 반란군으로 인해 국왕이 서울을 떠나야 했던 초유의 사태 이괄의 난이 있었고, 이른바 '오랑캐의 나라' 청淸과 형제관계를 맺은 마당이었다. 이런 상황에서 의금부에서는 반정공신 집안에 무고죄를 물어야 한다고 했던 것이다. 그렇기에 인조는 단호했다. "의금부는 다시 신숙녀를 국문해 아버지의 원수를 갚게 하고 흉악한 사람을 징계하도록 하라"(《인조실록》10년(1632) 1월 11일 기유). 20회가 넘는 대신들의 반대 상소에도, 우의정 김상용이 누명 쓴 신숙녀를 심문할 수 없다며 사직서를 써내도 눈 하나 깜짝하지 않았다. 그는 신권을 누르고 왕권을 강화하려는 강력한 의지를 보였다.

인조 대에는 비슷한 성격의 옥사가 더러 발생했다. 그중에서도 훗날 일어났던 김기종金起宗이 첩 애생愛生을 고발한 일을 살펴보자. 사건 조사 결과를 두고 일부 대신들은 애생이 김기종의 어머니를 저주했다는 증거나 자백이 없으므로 죄 없는 사람을 고발해 분란을 일으킨 김기종을 심문할 것을 주장했다. 하지만 인조는 신숙녀 고발 사건처럼 지체시킬 수 없고, 당시 함경도에서 근무 중인 관찰사 김기종을 불러올 수 없다고 말할 뿐이었다. 결국 애생은 형신 끝에 죽었다.

이 사건도 신숙녀 옥사와 그 성격이 유사하다. 유교에서는 첩에 대해 정의하기를, 예로써 맞이할 수 없는 존재이므로 혼례식을 올리지 않는다고 하였다. 그래서 '살 매買'의 한자를 써서 '매첩買妾', 즉 '첩을 산다'라고 표현했다. 또 첩이란 악독한 성품을 지닌 존재라는 고정관념도 있었다. 첩은 시가에서 쫓겨난 아내와 다름없었다. 고발자 김기종은 인조 재위 초반에 일어난 이괄의 난 진압에 공을 세운 자이자, 신숙녀 옥사 추국 담당자였다. 우연의 일치였는지 모르는 일이지만 말이다.

다섯째, 유교 젠더 규범에 따르지 않은 여성에 대한 낙인 효과다. 인조는 신숙녀의 시가에서 주장한, 시아버지 이복원이 며느리를 쫓아내게 된 이유인 '악독한 성품'을 그대로 믿었다. 국왕이 적극적으로 나오자 의금부는 조력자 천화와 만수, 시가 사람들을 한양으로 잡아들여 조사했다. 천화와 만수는 청양에서와는 다르게 억울함을 주장했다. 의금부가 내린 결론은 '증거 없음. 신숙녀 무혐의'였다.

왜냐하면 시가 사람들이 진술한 며느리 신숙녀를 쫓아낸 시기, 저주 계획을 꾸민 시기, 해골을 찾은 시기 등이 모두 뒤죽박죽이었다. 이제 천화는 첫 진술과 다르게 저주행위를 도와주지 않았다는 말만 반복하고 있었다. 게다가 새롭게 드러난 사실도 있었는데 천화는 신숙녀의 남편 이점과 사통하는 사이였다. 그러니 정황상 천화가 이점의 부인인 신숙녀를 감싸줄 리 없었다는 것이다. 이렇게까지 되니, 인조는 신숙녀를 '용서해' 풀어주었다.

그런데 이틀 뒤, 이번에는 남편 이점이 격쟁했다. 인조가 반정

공신 집안의 원을 안 들어줄 리 없었다. 인조는 함평 이씨 일가 사람들을 풀어주면서 신숙녀에게 혐의가 '있을 것이'라며 천화와 만수의 치죄를 지시했다. 그러나 만수와 천화 부부는 신숙녀를 도운 적이 없다며 억울함을 호소하였다. 결국에는 모진 형신 끝에 만수와 천화가 죽고 말았다. 시간은 흘러만 갔고 수사도, 판결도 별다른 진전이 없었다. 나중에는 더 이상 신숙녀를 옥에 가둘 수 없다는 공론이 생겨나서 인조는 또 '용서로써' 풀어주었다.

그로부터 한 달 뒤, 인조는 또다시(!) 신숙녀를 잡아들이라고 지시한다. 그런데 그가 내세운 죄상은 저주 살인이 아니었다. 그는 의금부가 내린 무혐의 결론을 무시하고, 누가 봐도 명백한 죄상을 내세웠다. 시부모에게 순종하지 않은 것, 칠거지악이었다. 인조는 신숙녀가 시가에서 쫓겨난 경위를 밝히라며 새로운 수사관 파견을 명했다. 신숙녀는 이 사실을 알게 된 당일, 청양 관아 감옥에서 스스로 목을 매어 죽었다. 허망한 죽음이었다. 이제 조정에서는 더이상 신숙녀의 일을 거론하지 않았다. 이렇게 권력이 만들어낸 옥사는 종결되었다.

소박맞은 신숙녀가 집안의 변고로 기록된 까닭은

17세기 전반 조선 사회 구조상, 가부장의 보호를 받지 못하는 여성은 죽음으로써 목소리를 낼 수밖에 없었다. 그런데 옥사에 대한 사관의 의견이 있어 주목된다. 실록의 기초가 되는 사초史草는 당대 국왕조차도 절대 읽을 수 없었기에 가능한 일이다.

> 수사관인 조계원·안헌징 등의 석방을 명하고, 파직했다. 상이 처음에 이해 등의 말을 받아들여 계원 등에게 중벌을 내리려 했으나, 옥사에 관련된 자가 모두 죽었고 끝내 그런 사실도 없었기 때문에, 마침내 이런 명이 있게 된 것이다. 신숙녀의 옥사는 사람들이 대부분 억울하다고 했는데, 어떤 이는 숙녀가 시동생 이함의 간악한 일을 알았기 때문에 이함이 그녀의 입을 봉하려고 이 옥사를 일으켰다고 했다.
> –《인조실록》 9년(1631) 윤11월 6일 을사

당시 조정에서는 신숙녀가 누명을 썼다는 공론이 있었다. '시동생의 간악한 일'을 알고 있는 신숙녀를 제거하기 위해 조작했다는 내막까지 비교적 상세하였다. 그런데 실제로 국왕에게 신숙녀가 무고를 당했다고 간언한 대신은 우의정 김상용 단 한 명이었다. 그는 판결 번복으로 법이 무너진 이런 상황에서 더 이상 추국에 참여할 수 없다며 사직을 청했다. 우의정의 '양심 선언'에 대한 인조의 답변은 다음과 같았다.

> 나는 저주하는 풍속을 염려해 명백히 처치하고자 하는데, 경이 이처럼 좋아하지 않으니, 내가 감히 억지로 할 수 없다. 대

저 이 옥사는 처음부터 끝까지 죄가 없음을 말해 밝히는 옥사와는 다른데 경이 이른바 법을 무너뜨린다는 것은 무슨 뜻인지 모르겠다.

−《인조실록》 10년(1632) 3월 26일 계해

인조의 의지는 확고했다. 그가 내세운, 과감한 처벌을 강행하려는 표면적 근거는 저주 풍속 제거였다. 그의 머릿속에는 여러 가지 이유가 얽혀 있었을 것이다. 무고로 고발당하였다고 하더라도 신숙녀를 곱게 놓아줄 생각은 없는 듯했다. 애초부터 사건의 진상을 밝히려 하지 않았을지도 모른다. 김상용은 다음 날부터 출근하지 않았고 신숙녀는 그대로 옥에 갇힌다.

김상용의 처신에 대해 사관은, "신숙녀의 옥사는 사람들이 모두 억울하다고 일컬었으나 감히 말씀을 올린 자가 없었는데, 김상용만이 자기의 견해를 고수해 끝내 굽히지 않으니, 공론이 모두 훌륭하게 여겼다"라며 그의 결단을 칭찬했다.

한편 사관이 쓴 이해의 졸기卒記에도 신숙녀 옥사와 관련된 내용이 있는데, 뉘앙스가 약간 다르다.

이해는 인조 때의 정사공신이다. 이해가 일찍이 부친의 상을 당했을 적에, 그 조카며느리의 저주 때문이라고 의심해 관청에 고발하기까지 했으나 마침내 사실이 아니었음이 드러났다. 훈신 최명길 등이 이해를 위해 변명해주었으나 이 때문에 여론의 홀대를 받았다. 그러나 이해는 공훈이 있는 귀한 족속으로 능히 겸손으로 자신을 지켰기 때문에, 비록 기국과 도량이 보통보다 뛰어났으나 권력이 있는 직위에 쓰이지 않았다. 70세가 된 뒤에 연달아 소장을 올려 벼슬을 사양하며 사대부의 표준이 되었으므로, 식견 있는 자들이 옳게 여겼다.

−《현종실록》 11년(1670) 윤2월 3일 경인

사관은 저주 고발 사건이 거짓이었다고 밝히기는 했으나 거짓과 진실을 가리는 데에 큰 의미를 두지 않고 여론의 홀대를 받았다고만 했다. 그저 이해의 사람 됨됨이를 칭송하기만 하였다. 이때까지만 해도 신숙녀가 누명을 썼다고 보기는 했으나, 이것이 반정공신 이해에 대한 평가에까지 영향을 미치지는 못하였다.

그러나 시간이 흐를수록 옥사를 보는 시각이 정반대로 바뀐다. 박손경朴遜經(1713~1782)이 영조 51년(1775)에 집필한 역사서《소화귀감小華龜鑑》에는 신숙녀 저주 옥사가 등장한다. 그는 당대의 자료들을 인용해 이 사건을 기록해놓았다.

그중 하나는 최명길이 이해를 옹호하기 위해 임금에게 올린 상소였다. 최명길은 이해와 그 조카 이의길의 사람됨을 칭송하고 신숙녀가 수많은 악행을 벌였다고 했다. 또 신숙녀를 고발한 시가 일족의 입장을 그대로 따르면서 이해는 단지 아버지의 원수를 갚기 위해서 격쟁했으니 큰 죄는 없다고 두둔했다.

두 번째 기록은 조극선趙克善(1595~1658)의 일기인《야곡일록冶

谷日錄》이다. 조극선은 옥사가 일어났던 당시 충청에 머무르면서 이 사건을 지켜보며 지역 사정을 낱낱이 썼다. 당시 공론이 무고죄였기에 신숙녀를 풀어주었는데 이해가 격쟁하여 다시금 옥사를 일으켰고, 마지막에는 신숙녀의 자살로 끝났다는 내용이었다. 그런데 조극선이 분석한 신숙녀의 자살 동기가 심상치 않다. 잡아들이라는 명령에 또 가둬지자 처벌당할까 두려워서 스스로 목숨을 끊었다는 것이다. 명백하게 신숙녀를 범죄자로 보는 시선이다. 그는 신숙녀의 자살을 이해 집안의 복수라고 표현하며 신숙녀가 죽자 이해에게 크게 축하할 일이라며 기뻐했다.

훗날 이긍익李肯翊(1736~1806)은 《연려실기술》에 이 일을 기록하였다. '이해 집안의 변고'라고 제목을 붙인 것부터 신숙녀의 시가 집안 사람들 입장에서 사건을 기술했다고 판단할 수 있다. 그는 같은 시각을 견지하고 있는 최명길의 상소, 박정현朴鼎賢의 《응천일록凝川日錄》, 조극선의 《야곡일록》을 시간 순서대로 배치했다. 특히 사건 마무리 단계의 서술은 다음과 같다.

> 숙녀가 스스로 목 매어 죽었다. 그것은 대개 그가 석방됨을 얻었으나 옥사가 다시 시작되고 추관이 역시 차자를 올리지 않았으므로 다시 갇힐까 두려워한 까닭이었다. (의)금부에서 시가에 득죄한 죄율을 쓰기를 청했으나 임금이 결정을 내리지 않았다.
>
> – 이긍익, 《연려실기술》, 〈이해李瀣 집안의 변고〉

이긍익은 출처를 밝히지 않았으나 내용을 보았을 때 박손경과 마찬가지로 이해의 옹호자였던 조극선의 《야곡일록》을 인용했다는 것을 알 수 있다. 심지어 판결을 내리고자 주도하였던 주체가 국왕에서 의금부로 바뀌어 있었다. 후대에 《연려실기술》만 읽은 사람은 신숙녀가 저주 살인을 했다고 믿을 수 밖에 없다.

옥사가 발생했던 당대에는 신숙녀가 누명을 썼다는 공론이 있었지만 공식화되지 못했고, 후대로 가면 갈수록 이 일에 대한 시각이 아예 달라졌다. 이는 시간이 흐르면서 양반가 여성으로서 시가에서 쫓겨난 사실만으로도 큰 죄가 될 수 있다고 인식했던 사회 분위기가 작용한 것이라고 할 수 있다. 이처럼 편향된 시각의 기록들만 계승되면서 신숙녀는 '악독한 성품'으로 인해 시가에서 쫓겨난 여성으로서 '마녀'가 되고, 일어나지 않았던 저주 살해는 '사실'이 되었다. 조선 후기 양반 남성들은 신숙녀의 무고 사건에서 부계질서에 해를 가한 여성을 처단해 강상의 윤리와 젠더 위계를 바로 세웠다는 의미를 찾았다.

이 사건은 14~17세기에 발생한 유럽의 마녀사냥과 다른 것 같으면서도 또 비슷하다. 극도의 잔인성을 드러낸 마녀사냥의 고문 과정은 사법제도의 방식이 고소에서 심문으로 변화하면서 탄생한 것이다. 반면 신숙녀 사건은 고소를 통해 옥사가 시작되었으며, 사건 조사를 담당했던 관원들은 증거 부족을 이유로 신숙녀를 옹호했다. 그렇지만 여기에서도 처벌의 열쇠를 쥐고 있던 위정자들은 '심문'을 더욱 중시했다는 점에서 마녀사냥의 사법적

기반과의 유사성을 찾을 수 있다.

이처럼 조선 후기 양반 남성들은 사회적으로 낮은 위치에 있는 여성들을 타깃으로 삼아 유교 젠더 규범을 따르지 않고 저주를 부려 사회질서를 어지럽혔다며 시대의 희생양으로 만들었다. 그들은 이러한 작업을 통해 기득권을 유지하고 부계질서를 강화할 수 있었다.

금연하라는 젠더 규범에도 아랑곳없이 흡연하는 여성들

바다 건너에서 들어온 신비로운 풀, 담배. 담배는 17세기 전반 조선에 들어온 이래 다양한 방면에서 큰 영향을 미쳤다. 아래는 《하멜표류기》라는 제목으로 알려진, 선박의 난파로 1653년부터 1666년까지 조선에서 지냈던 네덜란드 상인 하멜이 밀린 임금 청구를 위해 쓴 보고서의 한 구절이다.

> 50~60년 전만 해도 (조선 사람들은) 담배에 대해 전혀 알고 있지 않았다.……지금은 담배를 너무 많이 피워 4~5세짜리 아이들도 피우며, 이제는 담배를 피우지 않는 남녀를 찾기가 매우 드물다.
>
> – 하멜, 헨드릭Hamel, Hendrick, *Hamel's Journal And A Description Of The*

[그림 16] 김홍도, 《단원풍속도첩》 중 〈담배 썰기〉
사람들의 마음과 몸을 위로해주는 담배는 순식간에 열풍을 일으켰다.
담배 소비가 폭증하자 논을 엎고 담배밭으로 일구어 파는 사람들도 생겨나
조정에서 심각한 사회문제로 여기기도 했다.
그림은 말린 담뱃잎을 잘게 썰고 있는 장면이다.
* 출처: 국립중앙박물관

Kingdom Of Korea 1653~1666

하멜의 말처럼 조선 사람들은 남녀노소를 가리지 않고 담배에 빠졌다. 하지만 조선의 남성 지식인 장유張維(1587~1638)는 "위로는 공경으로부터 아래로 가마꾼과 초동목수에 이르기까지" 신분의 구분 없이 흡연을 즐겼다고 했다(장유, 《계곡만필谿谷漫筆》, 〈남령초흡연南靈草吸煙〉). 그가 언급한 사람들의 직업 면면을 볼 때, 흡연을 누리고 있는 층에 여성은 없었다. 비슷한 시기, 실록을 쓴 사관도 전국적으로 엄청난 흡연 열풍이 불고 있다고 전했다. 대유행은 5년도 채 걸리지 않았는데 피우지 않는 사람이 없어, 양반 남성들은 손님을 대접할 때 차와 술을 담배로 대신한다고 했다.

양반 남성들은 흡연으로 인해 성별과 신분이 모호해지는 것을 막고 권력을 보호하고자 새로운 규범을 만들었다. 그들은 여성의 흡연을 내외법에서 벗어날 수 있는, 그러니까 정절을 잃을 수 있는 위험 요소로 간주했다. 그도 그럴 것이 그들은 담배를 음부陰婦, 즉 음란한 부인이나 미인으로 동일시했기 때문이다.

옛날 담파라고 불리는 여인이 있었는데 아주 음란했다. 천하의 남자를 모두 제 남편으로 삼지 못한 한을 품고 죽었다. 그 여인의 넋이 이 풀로 변해 그 무덤에서 자라났다. 모두들 그 풀을 좋아했기에 그 이름을 담파라고 한다.……사람을 미혹시키는 것이, 사람의 마음을 옮겨가게 만드는 고혹한 여인과 다름없다. 그것을 보면, 담파고 무덤 위의 음탕한 귀신이 화한 것이라는 세상 사람들의 말이 비록 불경스럽기는 하지만, 귀신의 일이 세상에 간혹 발생하니, 그 성질과 맛으로 따져보건대, 도리어 그럴 법하다고 말할 수 있다.

— 이현목李顯穆,〈담파고설淡巴菰說〉

어리고 아리따운 미인이 님을 만나 애교를 떨다가 님의 입에서 반도 태우지 않은 은삼통銀三筒 만화죽滿花竹을 빼낸다. 재가 비단 치마에 떨어져도 아랑곳하지 않고, 침이 뚝뚝 떨어져도 거들떠보지 않는다. 앵두 같은 붉은 입술에 바삐 꽂아 물고는 웃으면서 빨아댄다. 이것이 염격艷格이다.

— 이옥李鈺,《연경烟經》

아주 긴 담뱃대인 장죽은 신윤복의 기생 그림에 항상 나온다. 그들은 어째서 신분이 높은 자만이 쓸 수 있는 장죽을 썼을까? 그것은 기생이 가진 역할, 즉 양반의 성적 보조자라고 하는 신분의 특수성과 관련 있었다. 일례를 들면, 기생집에 출입할 때 격식의 마지막 절차는 손님이 기생에게 담뱃불을 붙여주는 것이었다. 이처럼 흡연은 남성만의 성적 유희의 공간에서 기생, 음주나 가무와 같은 오락거리 중 하나이기도 하였다.

물론 폭발적인 유행 중에도 담배를 싫어하는 사람은 있었다. 금연론자들은 남자와 여자, 어른과 아이, 양반과 서민의 구별 없

[그림 17] 신윤복, 《혜원전신첩》 중 〈연소답청年少踏靑〉
나이 어린 양반 남성들이 기생들과 한데 모여 소풍을 떠나는 모습이다.
양반들이 타고 온 말들을 죄다 기생들에게 양보했다. 가운데에 기생에게
담뱃대를 갖다 바치는 모습이 우습다.
* 출처: 간송미술관

이 모두 다 함께 즐긴다는 점에 주목하면서 세상의 도리가 무너진 다고 비판했다. 조선이 유교의 나라였기 때문에 이런 주장은 상당한 설득력을 가졌다. 18세기 중엽 이후부터 흡연 예절 담론이 들끓기 시작했고 나중에는 신체적 강제성까지 생겼다. 그런데 역으로 생각하면 어떤가? 실제로는 누구나 장소와 시간을 가리지 않고 담배를 피운 것이다. 양반 남성들은 낮은 신분의 사람뿐만 아니라 성적 대상으로 간주하는 '미인'을 제외한 '일반' 여성과는 흡연을 공유하고 싶지 않았다. 그들은 흡연으로 남녀구별이 모호해질까봐 위기의식을 느끼고 젠더 규범에 여성의 금연을 추가하였다.

> 흡연은 부인의 덕을 크게 해치는 일이니, 정결한 버릇이 아니다. 그것은 담배 냄새에 오래 훈습되면, 흐르는 침을 제대로 거두지 못하기 때문이다. 또 담뱃가루가 음식에 한 번 떨어지면 다 된 음식 전체를 죄다 버려야 하니, 어찌 부인이 가까이 할 물건이겠는가? 그래서 계집종이 담배 피우는 도구를 가지고 가마 뒤에 따르는 것은 볼 때마다 밉다.

> 부녀들은 파와 마늘 등 냄새나는 풀을 먹기 싫어하는데, 이는 좋지 않은 냄새를 염려하기 때문이다. 그러나 어떤 이는 담배를 즐겨 피우니, 유독 담뱃잎은 냄새나는 풀이 아니란 말인가? 향기롭지 못한 것이 파나 마늘보다 심한데, 하물며 독하

고 해로워서 사람에게 이롭지 못한 것임에랴?

— 이덕무, 《사소절》, 〈부의〉

담배 피우는 것이 미울 때는, 규방의 다홍치마를 입은 부인이 낭군을 마주한 채 유유자적 담배를 피운다. 부끄럽다.……젊은 계집종이 부뚜막에 걸터앉아 안개를 토해내듯 담배를 피워댄다. 호되게 야단맞아야 한다.

— 이옥, 《연경》

그러나 정작 여성들에게 흡연은 기호에 맞추어 즐기는 일상의 소일거리였다. 최창대崔昌大(1669~1720)는 인조 때 정승 최명길의 증손이자 영의정을 지낸 최석정의 아들이다. 그의 어머니는 놀기만 하고 글을 잘 읽지 않는 아들에게 자주 매를 댔는데, 언젠가는 화가 나서 가까이에 있는 담뱃대로 그의 머리를 쳐서 다치게 했다고 전한다. 그의 어머니가 쓴 '사랑의 매'인 담뱃대는 분명 그녀의 물건이었을 것이다. 심노숭沈魯崇(1762~1837)은 유배 중에도 마당에서 담배를 재배할 만큼 애연가였는데, 그의 어머니도 마찬가지였다. 당시 그는 고향에 대한 향수를 일기에 자주 기록했는데, 어느 날은 고향 집에 있을 가족들 모습을 묘사하기를, "내당으로 들어가자 어머님은 담뱃대를 물고 베개를 베고 누워 계신다"(심노숭, 《남천일록南遷日錄》 1801년 3월 13일)라고 하였는데, 늘 보아왔던 애연가 어머니의 모습을 알 수 있다.

[그림 18] 김홍도, 〈행려풍속도 8폭 병풍〉(부분)
행려풍속이란 선비가 세속을 유람하면서 보는 풍정을 담은 일종의 풍속화로
주인공은 대개 나귀를 타고 가는 선비로 등장한다. 그림은 어느 양반가 부부가 어딘가로
유람을 떠나는 행렬 모습이다. 부인으로 보이는 여성이 두 손에 담뱃대를 들고 있다.
* 출처: 국립중앙박물관

기록 속 여성들은 젠더 규범을 아예 무시한 듯한데, 실제 여성들의 생각은 어땠을지 살펴보려고 한다. 먼저 조선 여성 지성사의 맥을 이었던 정일당 강씨靜一堂 姜氏가 남긴 흔적들이다. 그녀의 시할아버지는 곧 있을지도 모를 손자며느리의 흡연을 경계했다. 그만큼 기혼 여성의 흡연이 비일비재했음을 뜻한다. 정일당 강씨는 시할아버지의 '가르침'에 동조하며 스스로를 경계하고 후세에게 금연을 권장하기 위한 글도 남겼다.

> 나쁜 풀은 의당 빨아서는 안 되는 것
> 옛날에도 그 이름 들어보지 못했네
> 하물며 시할아버님의 타이르심은
> 후세에 드리울 말씀임이 심히 분명하구나.
> – 정일당 강씨, 《정일당유고습유靜一堂遺稿拾遺》,
> 〈근차왕구계흡연초운謹次王舅戒吸煙草韻〉

한편 그녀가 남겼던 훈계는 그 내용이 조금 달랐다. 그녀는 종손녀에게 낮잠 자기, 말이 많은 것, 과음, 흡연을 많이 하는 것을 경계해야 한다고 했다. 주목할 것은 그가 시할아버지의 '가르침' 대로 손녀에게 금연하라고 명하지 않은 것이다. 그녀에게 담배는 성별이 적용되지 않는 단순 기호품이었다. 다만, 예에 어긋나지 않는 선에서 적당하게만 흡연하면 된다는 당부는 남겼다.

종손 근진의 딸은 지금 4세이다. 남들보다 뛰어나게 영리하고 마음의 바탕이 있다. 진실로 하는 일마다 차근차근 순서에 따라서 이끌어주고 성정誠正으로써 가르친다면, 뒷날에 부덕婦德을 차차 이루어갈 것이다.

낮잠은 기를 흐리게 하고 뜻을 떨어뜨린다. 말을 많이 하면 원망이 생기고 남을 헐뜯는 말을 일으킨다. 술을 많이 마시면 성품을 죽이고 덕을 해친다. 담배를 많이 피우면 정신을 상하게 하고 어른에게 거만해진다. 모두 마땅히 경계해야 할 것이다.

— 정일당 강씨,《정일당유고습유》,〈척독尺牘〉

그렇다면 여성들은 왜 담배를 피웠을까? 그녀들에게 흡연은 남성들만큼 유희나 소일거리뿐만은 아니었다. 제아무리 양반이라도 모든 이들이 경제적으로 풍족하지는 않았고 넓은 인맥을 갖고 사회적 활동을 하지 않았으며 원만한 친족관계에 있지도 않았다. 여성들은 가계 경영 등 가사일로 힘든 삶에서 고단함과 피로를 느끼며 그들의 피폐해진 마음을 위로할 방법을 찾았다. 이때 마침 담배가 등장했던 것이다. 유교 젠더 규범은 여성들에게서 자기 표현과 욕구 분출의 기회를 빼앗았지만 그녀들은 기호품 담배를 놓치지 않았다.

애연가 호연재 김씨浩然齋 金氏(1681~1722)는 담배를 피우며 느낀 감상을 시로 남겼다. 짤막한 글에서도 담배의 전래부터 유통과정, 그 효능과 여성으로서 느끼는 만족감까지 많은 내용을 담고 있다. 그녀는 시장에서 돈을 주고 사 온 담뱃잎을 담배 자르기용 칼로 아주 가늘게 썰어서 조심스레 동그랗게 말아서 담뱃대에 넣었다. 금화로의 불씨를 이용해 담뱃잎에 불을 붙여 비로소 연기를 피워 뻐끔뻐끔 연기를 들이마셨다. 그녀는 남방에서 유래되어 조선에서 새롭게 소개된 풀이라는 정보도 놓치지 않았다.

> 전해 들으니 새 풀이 남방에서 났다고 하네
> 돈으로 바꿔 온 보배스런 잎은 노랗구나
> 향기로운 칼로 써니 천오라기 어지럽고
> 말아서 금화로에 담아 불붙여 맛보네
> 연기 피우니 신기한 맛이 온갖 염려를 사라지게 해
> 서왕모의 연환蓮丸도 상서롭지가 않네
> 인간 세상 시름에 막힌 사람들에게 널리 알려
> 이 약을 가져다 걱정스런 창자를 풀리라.
>
> — 호연재 김씨, 《호연재유고浩然齋遺稿》〈남초南草〉

특히 그녀는 걱정이나 염려, 근심을 해소해주는 담배를 예찬했다. 사실 호연재 김씨는 평생 원만한 가정생활을 누리지 못했다. 남편은 어머니 봉양을 핑계로 서울이나 백형의 임소에 머물며 집을 자주 떠나 있었다. 호연재 김씨는 가난한 집안 사정에 친정 오빠에게 쌀을 빌리기까지 하였다. 경제적 어려움과 외로움 속에 그녀는 자신의 일상에 안식처가 되는 담배를 만난 것이다. 특히

[그림 19] 김홍도 필, 〈평안감사 향연도〉
평양의 어느 담배 가게.
* 출처: 국립중앙박물관

서왕모의 연환을 담배와 견준 구절이 눈에 띈다. 영생과 불사의 신인 서왕모의 연환은 자손에게 복을 가져다주는 물건이다. 이렇게 영험한 물건도 호연재 김씨의 마음에 차지 않았다. 지금 자기가 처한 상황에서는 담배만큼 본인을 위로해줄 수 있는 것이 없으니 연환보다도 더 상서롭게 여긴다는 감상이다. 이러한 구절은 양반 남성들이 여성을 담배로 대상화하였던 인식과는 그 성격이 전혀 다르다. 그녀에게 담배는 그저 물건이자, 기호품이었던 것이다.

여기에 양반 혹은 상민 여성의 흡연을 추측게 하는 그림이 있다([그림 20]). 김홍도가 그림을 통해 얘기하고 싶은 것은 많았겠지만, 주의 깊게 보고 싶은 것은 담뱃대이다. 이제 막 점괘를 본 여성이 치마 안에 묶어둔 쌈지에서 돈을 꺼내려고 한다. 장옷을 어여머리 위에 접어 올려놓은 것을 볼 때 이 여성은 양반이거나 상민 여성이다. 김홍도가 활동하던 시기에 여성의 가발 사용이 자주 금지되었다. 어여머리는 양반 여성이 평소에 하던 머리였는데, 가발 유행으로 상민 여성들도 어여머리를 했을 것이다. 그녀의 옆에는 미혼의 여자 노비가 주인을 위한 부채를 가지고 있다. 아마도 더운 날이었던 듯하다. 긴 담뱃대는 점괘를 다 본 여자 주인의 물건이었다. 당시 여성들의 흡연은 저잣거리에서도 쉽게 볼 수 있는 일상 풍경이었음을 알 수 있다.

국왕 정조 못지않게 그의 큰외숙모 여흥 민씨도 애연가였다. 그는 조카 정조로부터 새해 안부 편지와 함께 선물을 받았다. 편지

[그림 20] 김홍도, 《단원풍속도첩》 중 〈시주〉.
* 출처: 국립중앙박물관

에는 선물 목록을 기록해놓았는데, 끝에는 늘 담배와 관련된 선물이 있었다. 1793년에는 '간죽 5개, 경조연죽 1개'를, 1795년에는 '연죽(구간죽) 1개, 향초 5근', 1796년에는 '향초 5근, 연죽 1개'를 받았다. 또 다른 새해 안부 편지에도 '향초 3근, 연죽 2개, 간죽 5개'가 기록되어 있다. 향초는 담배이며 연죽이나 간죽은 담뱃대이다. 설대가 9개나 되는 긴 담뱃대인 구간죽도 눈에 띈다. 이처럼 여성의 일상적 흡연은 남자 조카마저도 담배를 선물하게끔 했다.

19세기에도 여성들은 흡연을 그치지 않았다. 그 결과 담배를 피우지 않는 것이 칭송받는 일이 되기까지 했다. 19세기 대표적인 문인 전우의 어머니 양은옥(1805~1867)은 양반 여성들의 흡연이 만연한 가운데에서도 올곧게 금연생활을 한 모범 사례로 남아 있다(임헌회任憲晦, 《고산선생속집鼓山先生續集》, 〈유인양씨묘지명孺人梁氏墓誌銘〉). 양은옥의 묘지명을 쓴 임헌회는 혼인하는 딸에게 금연 훈계 글을 남기기도 했다(임헌회, 《고산선생속집》, 〈계녀맹순신재혁처자誡女孟順申在爀妻子〉). 내용상 대부분의 기혼 여성은 흡연한다는 것을 전제하고 있어서 당시 양반 여성들은 대체로 혼인을 기점으로 담배를 피우기 시작했음을 추측할 수 있다.

또 조선을 방문했던 외국인이 포착한 여성의 흡연 장면도 흥미롭게 다가온다.

이른 아침이나 오후 또는 저녁에 비좁은 골목길을 돌아다녀 보았지만, 나는 남자들이 일하는 것을 한 번도 보지 못했다.

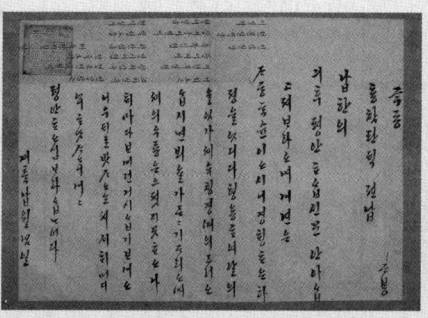
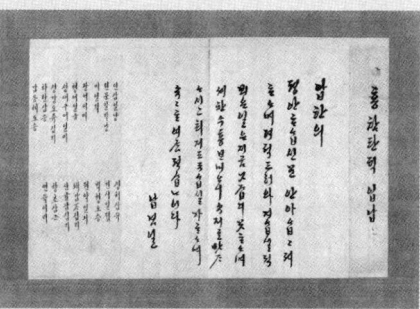
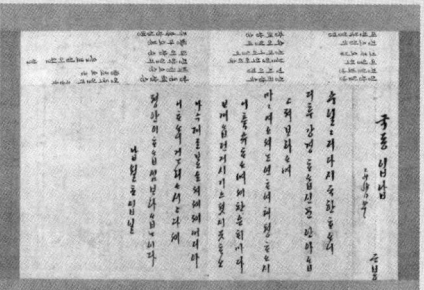
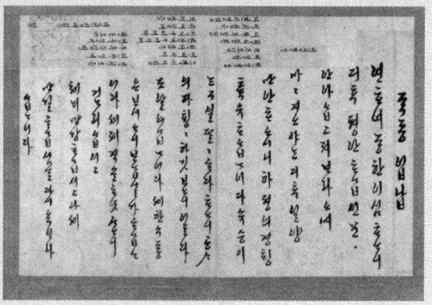

[그림 21-1, 2, 3, 4] 정조가 큰외숙모에게 보낸 새해 안부 편지.
한쪽에는 외숙모께 드리는 새해맞이 선물 목록을 적었다.
그중에는 늘 담배와 담배 관련 물품이 있었다.
* 출처: 국립한글박물관

……반면에 작고 추하며 고생 때문에 여윈 여자들은 살림을 도맡으며 요리하고 빨래를 했다. 모든 노동은 여자들의 몫이다.……여성들은 이름도 없다. 이들은 없는 존재로 치부되며, 이들에게 적용되는 법도 없다. 그녀들의 유일한 친구는 담배 파이프인 것처럼 보인다. 조선의 남녀는 다른 어떤 나라 사람들보다 담배를 많이 피운다.

- 헤세-바르텍, 에른스트 폰Hesse-Wartegg, Ernst von,
  Korea: eine Sommerreise nach dem Lande der Morgenruhe 1894

헤세는 여성들의 고된 일상과 외로운 상황이 흡연을 부른다고 생각했다. 호연재 김씨가 문득 생각나는 대목이다. 그는 조선 사회의 노동 구조에서 상대적으로 여성이 훨씬 더 많은 역할을 담당한다고 여겼다. 아니, 남성은 아예 노동하지 않는다고 느낄 만큼 그들이 일하는 모습을 보지 못하였다. 물론 그가 당시 관찰했던 조선 여성들은 당시 외출이 자유로웠던 천민이나 평민 신분이었을 것이다. 그는 상대적으로 미천한 신분의 여성을 많이 보았고 양반 여성에 비해 일상이 고통스러웠던 여성들의 일상을 잘 포착했다.

궁녀 역시 흡연에 예외는 아니었다. 궁궐 안에서 많은 제약을 받으며 특수한 삶을 살아야 했던 궁녀들에게 흡연은 일종의 탈출구였다. 1888년 언더우드는 조선의 궁궐을 방문했을 때의 경험을 기록으로 남겼는데, 궁녀의 존재와 그녀들의 흡연이 꽤 인상 깊었던 모양이다. 언더우드는 조선의 궁녀가 서양 왕실의 궁녀와 다른 점을 알아냈다. 그녀는 조선 왕실의 궁녀란 애처롭고 동정심을 불러일으키는 존재라고 하였다. 여기서 주목할 것은 궁녀들이 언더우드에게 흡연을 권유한 대목이다. 그녀들은 국왕 내외를 만날 정도의 외국인 여성이라면, 마땅히 흡연자일 것이라 여겼다. 높은 신분의 여성들이라면 으레 흡연자라고 여기는 당시 조선의 풍습을 추측할 수 있다.

> 궁녀는 다른 나라의 왕실에서처럼 상류 사회의 아가씨들이 아니다. 왜냐하면 상류 사회의 여성들은 조선의 관습 아래서는 왕실의 어려움을 참아낼 수가 없어 중간 계층과 하위 계층에서 어린 소녀와 젊은 소녀들을 골라 다른 사람들과 전적으로 격리되어 왕족을 위해 봉사하기 때문이다. 무표정하고 거칠며 멋없는 그들의 외관은 단지 동정심만을 불러일으킬 뿐이다. 나는 그들이 모두 담배를 피우는 데 놀랐으며, 그들은 이러한 그들의 도락道樂에 참여하라는 요청을 내가 받아들이지 않은 데 놀랐다.
> – 언더우드, 릴리어스 호튼Underwood, L. H.,
>   *Fifteen Years among the Top-Knots: Or Life in Korea*

조선에 담배가 유입된 이후 양반 남성들은 가부장적 흡연 예절 담론을 형성해 신분, 성별, 나이를 근거로 흡연문화를 독점하길

원했다. 여성 흡연 금지가 공론화되면서 유교 젠더 규범은 담배에도 손을 뻗쳤다. 그러나 역으로 생각하면 이러한 현상은 조선 여성의 흡연이 보편적이었음을 반증하는 것이다. 정작 여성들은 정절을 잃을 수 있다고 겁주는, 내외법을 지키라는 남성들의 시선과 비판에도 눈 하나 깜짝하지 않았다. 그녀들에게 담배는 그저 기호품이었다. 조선 여성들은 신분과 나이를 막론하고 흡연으로 휴식 시간을 가지고 스트레스를 해소하며 담배가 주는 즐거움을 일상적으로 만끽했다.

나오며

| 다양하고 교묘했던 유교 여성의 모습들 |

분홍은 여자아이, 파랑은 남자아이. 다들 공감하는 이야기일 것이다. 지금 당장이라도 아이들 옷가게에 가면 바로 경험할 수 있다.

이렇듯 젠더는 색깔과도 이어지는데, 사실 색깔에도 역사가 있다. 색깔에 부여된 이미지와 성별은 언제나 변화할 수 있는 '문화'였다. 1910년대 육아 칼럼 《분홍 또는 파랑?*Pink or Blue*》에서는 "분홍은 결단력 있고 강한 색이기 때문에 남자아이에게 어울리지만, 파랑은 섬세하고 앙증맞아서 여자아이에게 더 예쁘게 어울린다"라고 했다. 하지만 시간이 흘러 색깔과 이어진 성별이 정반대로 바뀐다. 그래서 "색에는 본래 의미가 없고, 그것을 보고 사용하는 사람들이 창조했다"라고 보는 학자도 있다. 아마도 젠더에 노출되지 않은 아이는 순수하게 자기 취향만으로 색깔을 고를 것이다.

질문 하나를 해보려고 한다. 어떤 아이가 꽃다발을 사 와서 꽃으로 집안 꾸미기를 즐기는 부모에게 꽃다발을 더이상 사 오지 말아달라고 부탁한다. 집에서 활기를 잃어 더이상 장식의 의미를 잃은 꽃을 버리는 것은, 꽃을 두 번이나 죽이는 거라면서 꽃이 너무 불쌍하단다. 이 아이의 성별은 남자와 여자 중 무엇일까? 정답은 남자아이다. 다만, 이 아이는 뛰어난 공감 능력과 풍부한 감수성의 소유자다.

예전에 어느 제약회사의 연고 광고를 보고 충격과 통쾌함을 느꼈던 적이 있다. 축구, 자전거, 스케이트보드, 클라이밍, 철봉 등 다양한 운동을 즐기는 아이들이 등장하면서 당당한 표정으로 "후~" 하고 입바람을 연신 분다. 상처에는 절대 지지 않고 운동을 하겠다는 문구와 함께. 이 연고만 있으면 무슨 운동이든지 즐길 수 있다. 그런데 아이들의 성별은 죄다 여자였다.

한국이 서서히 바뀌고 있는 걸까? 그 옛날 한반도의 전통문화가 만들어졌다고 여기는 조선의 여성성과 젠더 규범은 어떠했는가? 여성이란, 남편 한 사람에 대한 정절을 지켜야 하는 존재였다. 남성은 그들의 성적 권리를 인정해줄 누군가가 필요해지자 여성성을 끌어들였다. 여성의 공간은 안, 성질은 음, 위치는 아래/땅이었다. 여성은 아플 수밖에 없는 약한 몸이었다. 종법질서에는 여성의 보조가 필수였으므로 아버지의 딸이 아닌, 시아버지의 며느리로 만들어서 내 가문을 잃게 했다. 조선 여성의 활동 공간은 고려 때보다 좁아졌고, 있는 그대로의 나를 생각할 수 있는 시간은 점점 줄었다. 그리고 만에 하나 젠더 규범을 따르지 않는 사람은 낙인이 찍히고 응징당했다.

그럼에도 불구하고! 조선 여성들은 결코 유교 세상 안에 갇혀 있지만은 않았다. 그들은 남성들이 만든 단단한 틀에서 틈새를 찾아 경계를 넘나들며 원하는 것을 얻어내었다. 그들은 일상적으로 친가 식구들과 대면·비대면으로 소통하면서 내 가문을 지켰다. 이러한 젠더 규범 이탈자에 대한 남성들의 반응은 어떠했는가? 그들은 여성들을 막을 수 없었기에 '효' 이념을 동원해서 정신 승리하고야 말았다. 그뿐만이 아니다. 여성들은 보란 듯이 조선의 젠더 규범에 균열을 내어 남성들의 신경을 긁었다. 여성들은 지치고 힘든 일상에서 벗어나려고, 혹은 기호와 취향에 따라 흡연을 즐겼다. 신분과 나이를 막론하고 말이다. 지배계층으로서 유교 이념을 잘 따랐으리라 예상되는 한국 전통 여성상의 전형인 양반 여성의 얼굴은 생각보다 다양했다.

이 책을 통해 한국 사회가 겪은 젠더 형성 과정을 충분히 즐겼으리라 기대한다. 좀 더 정확히 말하자면 우리의 전통이라고 생각하는, 조선 유교의 민낯을 펼쳐보았다. 이 글에서 가장 많이 쓴 말은 아마도 '만들었다'일 것이다. 책 읽기를 마무리하는 독자께서 자기 성별에 대해, 나아가서는 성별 역할에 대해 궁금증이 생겼거나, 그동안 가졌던 궁금증을 조금이라도 해소하였다면 이 글의 목적은 다 이루었다고 생각한다. 부디 그러길 바란다.

• 참고문헌

● **기본 참고 사이트**
국립중앙도서관
국립중앙박물관
국립한글박물관
국사편찬위원회 한국사데이터베이스
한국고전종합DB
한의학고전DB

● **들어가며**
시몬 드 보부아르 지음, 이정순 옮김, 《제2의 성性》, 을유문화사, 2021.

● **1장**
김연수, 〈혼례제도 친영의 정착과 변화―서울 지역을 중심으로〉, 《서울민속학》 3, 2016.
김윤정, 〈조선 중기 가묘제와 여성 제례의 변화〉, 《국학연구》 14, 2009.
마르티나 도이힐러 지음, 이훈상 옮김, 《한국의 유교화 과정―신유학은 한국 사회를 어떻게 바꾸었나》, 너머북스, 2013.

박경, 〈16세기 유교적 친족 질서 정착 과정에서의 총부권 논의〉, 《조선시대사학보》 59, 2011.

이남희, 〈조선 사회의 유교화와 여성의 위상―15·16세기 족보를 중심으로〉, 《원불교 사상과 종교문화》 48, 2011.

이순구, 〈조선 초기 내외법의 성립과 전개〉, 《청계사학》 5, 1988.

정지영, 〈조선시대 부녀의 노출과 외출: 규제와 틈새〉, 《여성과 역사》 2, 2005.

주진오 외, 《한국 여성사 깊이 읽기: 역사 속 말 없는 여성들에게 말 걸기》, 푸른역사, 2013.

● **2장**

김신연 편, 《조선시대의 규범서》, 민속원, 2000.

성병희 편, 《민간 계녀서》, 형설출판사, 1980.

김현미·(사)한국여성연구소 엮음, 〈젠더와 사회구조〉, 《젠더와 사회》, 동녘, 2014.

하여주, 〈17세기 송시열의 가부장적 가족주의 정착을 위한 노력과 좌절〉, 《조선시대사학보》 79, 2016.

_____, 〈조선시대 의학서로 본 여성 몸 담론―《동의보감》과 《역시만필》을 중심으로〉, 《역사와 경계》 109, 2018.

_____, 〈《계녀서》의 탄생과 '조선식' 유교 젠더 규범의 성립〉, 《조선시대사학보》 101, 2022.

_____, 〈근대 초기 전통 여성 교훈서로서 송시열의 《계녀서》 고찰〉, 《인문사회 21》, 2022.

_____, 〈조선 후기 여성 교훈서 《훈부록》 기초 연구〉, 《역사와 경계》 127, 2023.

● **3장**

데니즈 칸디요티, 유강은 옮김, 〈가부장제와 교섭하기〉, 《페미니즘, 왼쪽 날개를 펴다》, 메이데이, 2012.

정형지 외 역주, 《17세기 여성생활사 자료집 1~4》, 보고사, 2006.
백두현, 《현풍곽씨언간 주해》, 역락, 2019.
정해은, 〈조선 후기 들목 조씨 집안 여성들의 삶과 기록들〉, 《화성시 名家의 재조명―들목 조씨 사백년의 역사》, 화성시청, 2019.
하여주, 〈조선 후기 양반 여성의 친정 가문 일원 의식 고찰〉, 《조선시대사학보》 89, 2019.
_____ , 〈조선 후기 여성 교훈서로 본 시가 흥망 책임 담론의 형성과 발전〉, 《문화와 융합》 44(2), 2022.
황수연 외 역주, 《18세기 여성생활사 자료집 1~8》, 보고사, 2010.
홍학희 외 역주, 《19세기·20세기 초 여성생활사 자료집 1~9》, 보고사, 2013.

● 4장

안대회, 《담바고 문화사》, 문학동네, 2015.
이옥 지음, 안대회 옮김, 《연경, 담배의 모든 것―18세기 조선의 흡연문화사》, 휴머니스트, 2008.
하여주, 〈조선 후기 여성의 기호嗜好에 따른 흡연문화 발생과 '몸'의 욕구 발현〉, 《페미니즘 연구》 15(2), 2015.
_____ , 〈17세기 조선판 마녀사냥 '신숙녀 옥사'의 실상〉, 《페미니즘 연구》 22(1), 2022.

나오며

제임스 폭스 지음, 강경이 옮김, 《컬러의 시간―언제나 우리 곁에는 색이 있다》, 월북, 2022.
조앤 W. 스콧 지음, 공임순 외 옮김, 《페미니즘 위대한 역사》, 엘피, 2017.

[부록] 남성 지식인이 만든 유교식 여성 교훈서 목록

연번	집필 시기	저자(생몰년)	제목	사용 언어
1	1629년	이경엄(1579~1652)	《내훈촬요》	한문+언해문
2	1642년 이후	송시열(1607~1689)	《우암선성계녀서(우암선생계녀서)》	한글
3	1646년 이후	윤황 집안 자손	《훈부록訓婦錄》	한글
4	1648년(?)	신익전(1605~1660)	〈차녀영풍군부인훈사 次女永豐郡夫人訓辭〉	한문
5	1686년	김수증(1624~1701)	〈손녀입궐시서증孫女入闕時書贈〉	한문
6		강헌지(1624~1701)	〈명부부지륜明夫婦之倫〉	한문
7			〈명남녀지별明男女之別〉	
8			〈동몽가훈童蒙家訓〉	
9		김수흥(1629~1689)	〈서증자부書贈子婦〉	한문
10		최석정(1646~1715)	〈계녀잠戒女箴〉	한문
11	1694년	이형상(1653~1733)	《규범선영閨範選英》	한문
12	1712년	한원진(1682~1751)	〈한씨부훈韓氏婦訓〉	한문
13		채지홍(1683~1741)	〈제한씨부훈후題韓氏婦訓後〉	한문
14	1714년	조현명(1690~1752)	〈열녀병서列女屛序〉	한문
15		이익(1681~1763)	〈부녀지교婦女之教〉	한문
16			〈규곤지계閨壼之戒〉	
17			〈내범서內範序〉	
18			〈송녀送女〉	
19	1716년	이만부(1664~1732)	《규훈閨訓》	
20		권구(1672~1749)	《병곡선조내정편屛谷先祖內政篇》	한글
21	1723년	송명흠(1705~1768)	《규감서閨鑑序》	한글
22		이용휴(1708~1782)	〈경제신부인소서열녀전발 敬題申夫人所書列女傳跋〉	한문
23	1735년	남유용(1698~1773)	〈언해조대가녀잠칠편서 諺解曹大家女誡七篇序〉	한문
24	1736년	이덕수(1673~1744)	《여사서언해女四書諺解》	한글
25	1736년	어유봉(1672~1744)	〈제녀계칠장병풍서후 題女戒七章屛書後〉	한글, 원본 실전
26	1737년		《풍아규송風雅閨誦》	한문

연번	집필 시기	저자(생몰년)	제목	사용 언어
27	1750년 이전	이덕무(1741~1793)	〈매훈妹訓〉	한문
28		이재(1680~1746)	〈서서손녀가시병서書徐孫女嫁時屛〉	한문
29	1762년	윤봉구(1681~1767)	〈초녀포방팔첩병서명醮女鋪房八帖屛畵銘〉	한문
30		조관빈(1691~1757)	〈계자부문戒子婦文〉	한문
31		신경(1696~1766)	〈서녀자병훈후서女子屛訓後〉	한문
32		윤형로(1702~1782)	〈형처刑妻〉, 〈가훈家訓〉	한문
33		채제공(1720~1799)	〈여사서서女四書序〉	한문
34	1775년	이덕무(1741~1793)	〈부의婦儀〉	한문
35	1776년	류중림(1705~1771)	〈가정家庭〉(부부夫婦, 교녀아敎女兒)	한문
36		박윤원(1734~1799)	〈여계女戒〉	한문
37	1753년		〈증내삼장贈內三章〉	
38			〈계측실문戒側室文〉	
39	1779년 이후		〈팔조여계八條女誡 (서종자부이씨침병서從子婦李氏寢屛)〉	
40	1797년	김종수(1728~1799)	《여자초학(녀ㅈ초흑)》	한글
41		목만중(1727~1801)	〈유반추정경부인신씨수사열녀전발柳判樞貞敬夫人申氏手寫列女傳跋〉	한문
42		임교진(1778~1862)	〈십무규훈해十毋閨訓解〉	한문
	1800년	윤광호(1753~1821)	〈선비정부인박시유사 (선비정부인박시유ㅅ)〉	한글
43	1821년	이지수(1779~1842)	〈가녀계사嫁女戒辭〉	한문
44		이건우(1792~?)	〈규문십계閨門十誡〉	한문
45		김익동(1793~1860)	〈규범閨範〉	한문
	1853년	최성환(1813~1891)	《사소절》	한글
46	1859년	임헌회(1811~1876)	〈유내간諭內間〉	한문
47			〈이계二誡 : 엄내외嚴內外〉	
48		서응순(1824~1880)	〈내의內儀〉	한문
49	1860년	조준(1819~1889)	《녀계약언(계녀약언)》	한글
50	1862년	임헌회(1811~1876)	〈계녀맹순誡女孟順〉	한문
51		이정모(1846~1875)	〈곤범閫範〉	한문

연번	집필 시기	저자(생몰년)	제목	사용 언어
52	1868년 이후		《閨中要覽(규듕요람)》	한글, 김종수의 《여자초학》을 저본으로 함.
53	1870년	조택희	《사소절(ㅅ쇼졀)》	한글, 《사소절》 중 〈부의〉
54	1882년	박문호(1846~1918)	《여소학女小學》	한문+한글
55	1889년	노상직(1854~1931)	《여사수지女士須知》	한문+한글
56		임공렬(?~?)	〈규내수지閨內須知〉	한문
57	1895년	전우(1841~1922)	〈교장녀教長女〉	한문
58		신기선(1851~1909)	〈계손부정씨권씨戒孫婦鄭氏權氏〉	한문
59	1898년	김상집	《본조여사本朝女史》	
60	1899년	최시형(1827~1898)	〈부인상계婦人常戒〉	한문
61	1908년	장지연(1864~1921)	〈녀ᄌ독본(여자독본)〉	한글+한자
62	1911년	이철영(1867~1919)	《내범요람內範要覽》	한글
63	1912년	이승희(1847~1916)	〈여범女範〉, 〈규의閨儀〉	한문
64	1914년	박건회	《(현토주해) 여자보감》	한문 현토 한글 번역
65	1914년	화산최씨	〈화산최씨내훈〉	한글
66	1889/1918년	노상직(1855~1931)	《여사수지女士須知》	한글+한문
67	1915년	왕성순(1869~1923)	《규문궤범閨門軌範》	한글 번역 +한문
68	1916년	권순구	《부인행실록婦人行實錄》	한문 현토 +한글 번역
69	1916년	백두용 발행	《(현토)사소절(懸吐)士小節》	한문 현토 +한글 번역
70		조예석(1861~?)	〈여범女範〉	한문
71	1918년	남궁억	《가정교육(가뎡교육)》	한글
72	1922년	김원근	《(명원)신여자보감(名媛)新女子寶鑑》	한문 현토 +한글 번역
73	1923년	조인석(1879~1950)	《소녀필지少女必知》	한글

연번	집필 시기	저자(생몰년)	제목	사용 언어
74	1925년	유영선(1893~1961)	《규범요람閨範要覽》	한글
75	1928년	김동진	《(가정교육) 여자행실록(家庭教育) 女子行實錄》	한글, 한자 병기
76	1930년대 추정	송인건(1892~1954)	《규방필독閨房必讀》	한글
77	1930년	송재규	《규문보감閨門寶鑑》	한글
78	1935년	서우석	《규문보감閨門寶鑑》	한글
79	1951년	김진효	《규문보감閨門寶鑑》	한글 (주요 어휘 한자 병기)
80	1962년	김형원	《규범》	한문 현토 +한글

* 출처: 성민경, 〈여훈서의 편찬과 역사적 전개: 조선시대~근대 전환기를 중심으로〉, 고려대학교 박사학위 논문, 2019; 하여주, 〈조선 후기 유교 젠더 규범과 양반 여성의 대응〉, 부산대학교 박사학위 논문, 2022; 《《여자 초학》과 가와이문고 소장본 《규중요람》으로 본 조선 후기 양반 여성 교육》, 《한국사연구》 198, 2022; 〈조선 후기 여성 교훈서 《훈부록》 기초 연구〉, 《역사와 경계》 127, 2023.

• 찾아보기

【ㄱ】

가계경영 135
가발 62, 63, 138
간질 117
감정 43~46, 62, 85
강상綱常 22, 110, 115, 117, 125
강정일당(정일당 강씨) 7~8, 134~135
《경국대전》 17~18, 20, 23, 27~28, 30, 97
경주 최부자집 82
《계녀서》 38, 50, 59, 102
계모 76
〈계녀잠戒女箴〉 62
곽안방 67
곽정례 70, 71, 72, 75, 79
곽주 66
근친覲親 93, 101, 102
기氣 41, 43
기생 129
기처棄妻 110
기호품 134, 135, 138, 144

기혼 여성 25, 45, 48, 98, 101, 107, 134, 140
김기종 118
김상용 118, 121, 122
김한金澣 26

【ㄴ】

낙인 26, 45, 119, 147
남녀구별 131
남양 홍씨 97
내외법 22, 59, 128, 144
내정편 53, 57
《내훈》 37~38
노동 60, 61, 142
논공 71, 74, 75, 79
논공댁 82

【ㄷ】

담뱃대 129, 132, 136, 138, 140
담파(고) 128, 129
《동의보감》 6, 40~42, 44~45

155

【ㅁ】
마녀사냥 125, 126
만수 114, 120
매첩買妾 119
모계母系 29, 31
미인 128, 129, 131

【ㅂ】
박윤원의 여동생 93
벽진 이씨 67, 72
별거 79, 84
보조자 16, 35, 57, 60, 64, 129
본성 15, 26, 29, 46, 62
부계父系 29, 32, 35
부계질서 113, 125, 126

【ㅅ】
사기邪氣 117
사대부 19, 22, 25~27, 37, 109, 123
《사소절士小節》〈부의婦儀〉 44, 56, 59, 60, 61, 63, 64, 132
사족 17, 19, 20, 23, 27, 117
사치 61, 62, 63
사회적 성性 16
삼가三嫁 25, 26
상례(장례) 29, 95

상속 32
서얼 17, 19, 23, 99
서왕모 136, 138
선영 103, 105, 106
성대중 99
성별 분업 59
성윤리 24
성인聖人 7~8, 15, 16
성적 방종 45
성품 7, 8, 26, 29, 45~47, 102, 119, 125
소례마을 67, 74
《소학》 37~39, 96
《소화귀감》 123
손님맞이 60, 72
송시열 37~38, 48~51, 54, 98, 100, 102~104, 106
순종 17, 55, 81, 109, 120
스트레스 144
시몬 드 보부아르 6
시집살이 33, 35, 38, 48~49, 55, 85, 88, 93, 95, 98, 101, 112
신설申渫 113
신숙녀 112
신앙 58, 59, 112
신유학 15
신윤복 129

신진사대부 5, 17, 24
실행失行 17, 19, 20, 22~23, 26~27,
　　59, 106
심노숭 132
심문 114, 118, 125, 126
(비)정상 21, 42

【ㅇ】
《야곡일록》124, 125
양계적 질서 29
양은옥 140
어여머리 138
여성 교훈서 35, 38, 44, 48, 50~51,
　　53, 56, 60~64, 89, 101, 102
여성상 16, 48, 89, 147
여성성 5, 10, 146
《여자초학》56
여흥 민씨(정조의 큰외숙모) 140
《연려실기술》112, 124, 125
연환 136, 138
오야댁 74, 79
오야마을 66, 74, 84
외손녀 102
외출 21, 22, 59, 74, 142
요조숙녀 17
우귀 55
원주 원씨 99

월경 42
위계 16, 55~56, 125
위계질서 30, 35, 96
유교 이념 16, 91, 92, 107, 147
유학 8, 15, 19, 24, 54
유학자 7, 33, 45
윤강 104
윤회 봉사 32
음란 22, 26, 29, 109, 128
음양론陰陽論 41
의례 17, 29, 31, 33
의인 한씨 95
의학(서) 6, 40~42
이금익 112, 124
이덕무 45, 56, 59, 60~64, 132
이잠 114
이점 113
이해李瀣 114, 115, 121
이혼 109, 110
이효원 114
인수대비(소혜왕후) 37~38
인조 113
〈임부인전〉99
임윤지당 7~8
임헌회 140
입후(자) 32, 100

【ㅈ】

자궁 41
〈자녀안〉 25, 26
자살 47, 112, 124, 125
장렬왕후 117
장죽 129
재가 17, 19, 20, 23, 27
재혼 21, 23~29, 109
절약 49, 61~63
절제 39, 44, 45, 62, 63
정도전 20
정숙 62
정액 6, 41
정절 20~24, 29, 59, 128, 144, 146
정精 41
정체성 16, 112
제례(제사) 29, 31~32, 39, 49, 60, 72, 95, 97, 98, 100, 101
젠더 규범 5, 10, 131, 134, 146~147
젠더gender 5~6, 48, 112, 125, 147
조극선 124, 125
조지겸의 아내 심씨 95
진주(진양) 하씨 67, 68
집안일 6, 59~62, 72, 81~82

【ㅊ】

처가살이 33, 35, 55

천성 26, 47, 89, 90, 91, 92
천화 114, 119, 120
첩妾 118, 119
청결 62
최계종 82
최동언 71, 82, 88
최명길 115, 123, 124, 132
최창대 97, 132
출가외인 33, 54, 56, 91, 92, 102, 106, 107
출산 6, 11, 42, 44, 102
친연성 102
친영 33, 35
칠거지악 38, 109, 110, 120

【ㅌ】

탐욕 62
태복이 84, 86
택호 71, 74, 75, 79
투기(질투) 38, 43, 44, 49, 79, 109

【ㅍ】

파평 윤씨(윤강의 딸) 103
파평 윤씨(윤봉구의 여동생) 96
패륜 91, 110
편협 47

【ㅎ】

하멜 126

하윤원 67, 68

하준의 67

〈한씨부훈〉 50, 57, 61

한원진 57

현풍 곽씨 66, 74, 82

호연재 김씨 135, 136, 137, 142

혼례 29, 32~33, 35, 119

홍익한의 딸 98

효 이념 106, 107, 147

효부孝婦 67, 89, 91~93, 95, 97

효성 55, 89~93, 100

흡연 예절 담론 131

금요일엔 역사책 ⑫
지금부터 조선 젠더사

2025년 7월 15일 1판 1쇄 인쇄
2025년 7월 25일 1판 1쇄 발행

지은이	하여주
기획	한국역사연구회
펴낸이	박혜숙
디자인	이보용 김진
펴낸곳	도서출판 푸른역사
	우) 03044 서울시 종로구 자하문로8길 13
	전화: 02)720-8921(편집부) 02)720-8920(영업부)
	팩스: 02)720-9887
	전자우편: 2013history@naver.com
	등록: 1997년 2월 14일 제13-483호

ⓒ 하여주, 2025
ISBN 979-11-5612-298-2 04900
      979-11-5612-252-4 04900(세트)

• 잘못 만들어진 책은 교환해드립니다.